Gerd Kebschull

MS-DOS 6.0
Einsteigen leichtgemacht

Gerd Kebschull

MS-DOS 6.0
Einsteigen leichtgemacht

ISBN 978-3-528-05339-0   ISBN 978-3-322-87804-5   (eBook)
DOI 10.1007/978-3-322-87804-5

Vorwort

Der Umgang mit dem PC ist für viele schon zur Selbstverständlichkeit geworden. Dennoch gibt es genug Menschen, für die ein Computer immer noch ein »unbekanntes Wesen« ist.

Was ist überhaupt ein Betriebssystem, und welche Informationen benötige ich, um meinen Rechner bedienen zu können?

Ein Betriebssystem ist ein Programmpaket, das zum Rechner gehört wie der Ein- und Ausschalter. Dennoch fällt gerade dem »Einsteiger« der Umgang mit dem Betriebssystem schwer, da viele Dinge falsch gemacht werden können und der Weg in die falsche Richtung sehr mühsam und zeitintensiv ist.

Das Buch ist entstanden, um dem Anfänger über die ersten Schwierigkeiten zu helfen und ihm auch später, bei kleineren und größeren Problemen, Hilfestellung zu geben.

Um Ihnen den Einstieg in die Materie »MS-DOS 6.0« so leicht wie möglich zu machen, werden die wichtigsten Themen in diesem Buch sehr ausführlich und mit vielen Beispielen behandelt. Wenn möglich, soll ein Bild oder eine Grafik die Zusammenhänge verdeutlichen. Weiterführende Themen werden entsprechend kürzer angesprochen, um nicht den Rahmen des Buches zu sprengen. Das Buch will und kann das eigentliche Handbuch nicht ersetzen.

MS-DOS ab der Version 5.0 ist mit einer leistungsfähigen Shell ausgerüstet. Eine Shell ist eine Programmumgebung, aus der man Programme kopieren, starten umbenennen kann usw. Wer mit älteren DOS-Versionen (bis zur Version 3.3) in den Genuß einer Shell kommen wollte, mußte diese zusätzlich zum Betriebssystem erwerben.

Die wesentlichen Neuerungen der Version 6.0 sind:

⇒ Anti-Virus-Programm

⇒ Backup- und Undelete-Programm (mit Oberfläche)

⇒ Defragmetierungsprogramm DEFRAG

⇒ Link (Verbund zweier Rechner) INTERLNK

⇒ Speicher-Optimierung mit MEMMAKER

⇒ Komprimierungsprogramm um die Festplattenkapazität zu verdoppeln (DBLSPACE)

⇒ Neue Hilfe mit HELP

⇒ Multiboot

Ich bedanke mich bei meiner Frau *Marita* für das geduldige Lektorat und bei meinen Lehrgangsteilnehmern, die mir immer wieder zeigen, daß der Umgang mit MS-DOS doch nicht so »easy« ist.

Gerd Kebschull
Emsbüren im April 1993

Inhaltsverzeichnis

8 Systemkonfiguration   133

9 EDIT   151

10 Drucken unter MS-DOS   163

11 Die DOS-Shell   171

12 Die Windows-Hilfsmittel

13 Die neuen MS-DOS-Befehle   231

1 Grundsätzliches über PCs

1.1 Arbeiten mit dem Buch

Da dieses Buch sich speziell an Ein- und Umsteiger richtet, wird sehr viel Wert darauf gelegt, daß Sie als Leser sich »wohlfühlen« und wichtige Textstellen und Hinweise nicht übersehen. Daher werden zahlreiche Symbole benutzt, um auf die Eingabe per Maus, Tastatur usw. hinzuweisen.

1.1.1 Tastatursymbol

Mit diesem Symbol wird auf eine Tastatureingabe hingewiesen. Auch Tasten wie [Strg] werden im Text besonders dargestellt. Müssen mehrere Tasten gedrückt werden, so wird dies durch ein Pluszeichen zwischen den Tastensymbolen gekennzeichnet, zum Beispiel:

Drücken Sie [Alt]+[Strg]+[Einfg], um einen Warmstart des Rechners durchzuführen. Der Inhalt des Speichers wird gelöscht und der Rechner wird erneut gestartet.

Mit [Alt]+[D] [F] wird in der DOS-Shell der Befehl ÖFFNEN angewählt. Sie drücken die [Alt]-Taste, halten diese gedrückt und betätigen nun nacheinander [D] und [F]. Funktionstasten werden mit einem F gekennzeichnet. Mit [F1] erhalten Sie zu jedem Problem innerhalb der DOS-Shell eine Hilfe. Man nennt dies auch interaktive Hilfe.

1.1.2 Mauseingaben

Besonders in der DOS-Shell, aber auch bei der Verwendung des Editors (EDIT) und der anderen Tools, bietet es sich an, mit der Maus zu arbeiten. Um den Befehl ÖFFNEN in der DOS-Shell zu aktivieren, klicken Sie den Befehl DATEI an und dann ÖFFNEN. (Befehle werden in diesem Buch immer als Kapitälchen gesetzt.)

Es wird immer die linke Maustaste benutzt. Abweichungen werden besonders erwähnt.

Unter einem Doppelklick versteht man das schnelle zweimalige Drücken der linken Maustaste. Damit wird ein Befehl angesteuert und gleichzeitig ausgelöst.

Besondere Hinweise werden durch einen Pfeil gekennzeichnet. Damit soll auf eine Besonderheit oder einen speziellen Hinweis aufmerksam gemacht werden.

Werden Aufgaben oder ein spezielles Problem definiert, weist ein Fragezeichen darauf hin. Auf die Lösung zu einem Problem wird durch ein Ausrufezeichen hingewiesen. Dieses Zeichen wird ebenfalls benutzt, wenn ein ganz besonders wichtiger Hinweis markiert wird, z.B.:

Achtung: Beachten Sie, daß Sie alle Daten verlieren, wenn Sie einen Datenträger mit FORMAT A: formatieren. Überprüfen Sie vorher, ob der Datenträger leer ist oder die Daten tatsächlich gelöscht werden können.

Die Besonderheiten von MS-DOS 6.0 werden mit diesem Icon gekennzeichnet. Kommen z.B. zusätzliche Parameter hinzu, oder ändert sich etwas im Zusammenhang zur Vorversion, dann wird mit diesem Icon darauf hingewiesen.

1.2 Der PC und die Peripherie

Die Abkürzung PC steht für »Personal Computer« und ist mittlerweile ein fester Begriff in der deutschen Sprache geworden. Als die ersten PCs aus den USA nach Deutschland kamen, wurden einige Menschen unruhig, da der Begriff »Personal Computer« falsch mit Personal-Computer übersetzt wurde und viele damit einen Computer assoziierten, der Personal ersetzen sollte. In Wirklichkeit ist damit der persönliche Computer gemeint, den ich für meine persönliche Arbeit verwende oder eventuell noch mit einem Kollegen teile.

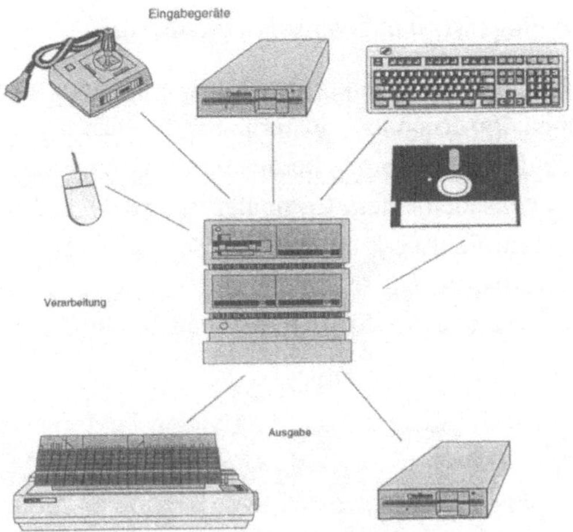

Abb. 1.1: Das EVA-Prinzip »Eingabe - Verarbeitung - Ausgabe«

Da die PCs seit dem Jahre 1985 immer preiswerter wurden, und heute ein Rechner mit Festplatte nur noch 1000 DM kostet, haben die Personal-Computer ihren Siegeszug angetreten.

Mit den Eingabegeräten wie Maus, Tastatur usw. werden die Informationen in den Rechner gegeben. Die Verarbeitung erfolgt dann im Rechner (Zentraleinheit). Die verarbeiteten Informationen werden dann über die Ausgabegeräte wieder ausgegeben. Diesen »Dreitakt« nennt man EVA-Prinzip (Eingabe - Verarbeitung - Ausgabe).

1.3 Kaufentscheidung

Haben Sie noch keinen eigenen Computer, so stehen Sie vor der Qual der Wahl, einen Homecomputer (Atari, Amiga), einen IBM, IBM-kompatiblen-Rechner oder gar einen Macintosh-Rechner zu kaufen. Evtl. ist auch ein Portable oder Laptop der optimale Rechner für Ihren ganz persönlichen Einsatz.

Die nächste Frage ist: *Wie groß soll ich einsteigen?*

Reicht ein XT mit einem Laufwerk, oder brauche ich einen 386- oder gar einen 486-Rechner? Sicherlich sollte man beim Kauf darauf achten, daß eine Festplatte bereits vorhanden ist, denn der Differenzbetrag zwischen einem Computer mit zwei Laufwerken und einem mit einem Laufwerk und einer Festplatte liegt bei ca. 250,- DM. Eine Festplatte ist schon deshalb wichtig, da viele Programmpakete ohne dieses Speichermedium gar nicht genützt werden können.

Der Preis eines Computers hängt von vielen Faktoren ab. Einmal vom Prozessor (8088, 80286, 80386 SX, 80386, 80486) mit den unterschiedlichen Taktfrequenzen, von der Ausstattung (Größe der Festplatte, wieviel RAM-Speicher, Farb-Monitor) und natürlich von der Herstellungsfirma.

Ein schneller Rechner wird benötigt, wenn große Datenmengen verwaltet oder rechenintensive Programme, wie z.B. professionelle Grafikprogramme, benutzt werden.

Beim Einsatz von CAD (Computer Aided Design) ist es häufig notwendig, einen mathematischen Coprozessor (8087, 80x87) zu kaufen, der nur beim 486 DX-Prozessor zur Standardausrüstung des PCs gehört. Beim Kauf muß dennoch darauf geachtet werden, daß ein entsprechender Sockel für die Nachrüstung dieses Coprozessors vorhanden ist. Mathematische Coprozessoren kosten zwischen 150,- und 1000.- DM je Prozessortyp und Taktfrequenz.

Will man seinen Rechner z.B. nur zur Textverarbeitung oder für kleinere Anwendungen nutzen, reicht meist ein 80286-Rechner für ca. 1000 DM (Stand: Januar 1993). Ausstattung ist:

⇒ 80286-Prozessor

⇒ 1 MByte RAM-Speicher

⇒ 5¼ Zoll, 1,2 KByte Diskettenlaufwerk

⇒ serielle und parallele Schnittstelle

⇒ MS-DOS 6.0

⇒ 20 bis 40 MByte Festplatte

Es gibt auch häufig Komplettangebote mit VGA-Farbmonitor und Drucker für unter 2000,- DM.

1.3.1 Portable

Der Portable ist ein transportierbarer Rechner, der im Gegensatz zum Laptop noch zirka 15 Kilogramm auf die Waage bringt. Portables werden im wesentlichen eingesetzt, wenn ein Rechner nicht stationär verwendet wird, er aber auch nicht unbedingt zum Handgepäck eines Managers gehören soll. Die Portables werden neuerdings immer mehr von sehr leistungs- und ausbaufähigen, leichten Laptops verdrängt.

1.3.2 Laptop

Ein Laptop wiegt nur wenige Kilogramm (meist unter 3 kg, je nach Ausstattung) und paßt in jeden Diplomatenkoffer. Er kostet je nach Leistung 1200 bis 7000 DM. Die meisten Laptops sind mit einem 386-Prozessor, mit 4 MByte RAM-Speicher, einer 40 bis 80 MByte großen Festplatte und hintergrundbeleuchtetem LCD-VGA-Monitor ausgerüstet.

1.3.3 Drucker

Ein Drucker kann unter Umständen im Bundle zusammen mit dem Rechner gekauft werden. Die Kaufentscheidung hängt im wesentlichen heute schon davon ab, welche Druckqualität benötigt wird. (9-, 24-Nadeldrucker). Aber auch Laser-Drucker sind schon für knapp unter 1500 DM zu kaufen. Laser-Drucker haben den Vorteil, daß sie sehr leise und schnell drucken und das beste Druckbild erzeugen.

1.3.4 Maus

Die Maus kann bei vielen Programmen ein sinnvolles Eingabe- und Steuerungsmedium sein. Eine Maus kostet je nach Hersteller zwischen 50 DM und 350 DM (Genius, Logitech, Microsoft). Mit einer Maus kann blitzschnell eine Stelle im Programm angewählt oder Dialog-Boxen bedient werden.

1.3.5 Grafikkarten

Die ersten PCs waren im wesentlichen mit einer MDA-Karte ausgerüstet, mit der nur Textdarstellung möglich war. Sie wurde sehr bald durch die kaum teurere Color-Karte abgelöst.

Mit einer Hercules-Karte (720 x 348) konnten erstmals zufriedenstellende Grafiken dargestellt werden. Eine von IBM weiterentwickelte CGA-Karte wurde EGA-Karte genannt (Enhanced Graphics Adapter). Sie hat eine Auflösung von 640 x 350 Bildpunkten, und es ist mit ihr möglich, mehrere Farben auszuwählen. Diese Karte ist abwärtskompatibel zur CGA-Karte.

Mit der VGA-Karte, die mittlerweile bei 386-Rechnern Standard ist, können 640 x 480 Punkte mit 16 Farben und Graustufen angesteuert werden. Mit hochauflösenden VGA-Karten können sogar bis zu 1024 x 768 Bildpunkte eingeschaltet werden.

1.3.6 Tastatur

Es gibt drei unterschiedliche Tastaturen:

⇒ XT-Tastatur

⇒ AT-Tastatur

⇒ MF-Tastatur (PS/2-System)

MF-Tastatur (PS/2-System)

Es gibt auch Tastaturen, die für AT- und XT-Rechner verwendet werden können. Diese haben an der Tastaturrück- oder Unterseite einen Umschalter (AT → XT). Sollten Sie trotz richtiger Installation des Tastaturtreibers einen hohen Ton hören und kein Zeichen auf den Monitor bringen, kann es an dieser Grundeinstellung liegen.

Bis auf geringe Abweichungen sind die Tastaturen im wesentlichen identisch. Zum Beispiel sind die Funktionstasten einmal links in einem abgesetzten Funktionstastenblock oder über dem normalen Tastenfeld angeordnet. Auch sind identische Tasten unterschiedlich gekennzeichnet (s. Anhang).

Funktionstasten

Die Funktionstasten [F1] bis [F10] oder bis [F12] werden meist von den Benutzerprogrammen belegt. Durch Doppelt- oder Dreifachbelegung mit [Alt] und [Strg], den sogenannten Hot-Keys, werden viele Programme gesteuert und Untermenüpunkte angewählt. Zum Beispiel kann die DOS-Shell über DATEI • ENDE oder einfach mit [Alt]+[F4] verlassen werden.

Mit der Funktionstaste [F3] kann zum Beispiel die letzte Eintragung wieder zurückgeholt werden. Die Tasteneingaben werden im sogenannten Tastaturpuffer gespeichert und können mit [F3] wieder aktiviert werden. Sie werden mit dem Programm DOSKEY noch weitere Möglichkeiten kennenlernen.

Abb 1.2: Funktionstasten

Mit der [⇧]-Taste (Shift- oder Umschalt-Taste) wird wie bei der Schreibmaschine von Klein- auf Großbuchstaben umgeschaltet. Ebenso werden die Sonderzeichen !, », § ,$ usw. erreicht. Mit der [⬆]-Taste, die über der linken [⇧]-Taste liegt, kann diese Umschaltung dauerhaft erfolgen. Bei den meisten Tastaturen leuchtet dann eine Leuchtdiode auf.

Dreifachbelegung der Tasten

Einige Zeichen werden ebenfalls über die Dreifachbelegung im Zusammenhang mit der [Alt]+[Strg] oder [Alt Gr]-Taste angesteuert:

Tastenkombination	Zeichen
[Alt]+[Strg]+[ü]	[
[Alt]+[Strg]+[+]	]

Bei anderen Tastaturen können diese Zeichen mit der [Alt Gr]-Taste erzeugt werden:

Tastenkombination	Zeichen
[Alt Gr]+[Q]	@
[Alt Gr]+[<]		
[Alt Gr]+[*]	~

Bei einigen Programmen ist es nicht möglich, das entsprechende Zeichen über die sonst übliche Tastenkombination anzusteuern (z.B. Blackslash \ bei Word 5.0). Dann muß man den ASCII-Code des Zeichens im Zusammenhang mit der [Alt]-Taste und dem abgesetzten Zahlenblock eingeben. Auch die Zeichen des erweiterten Zeichensatzes können so verwendet werden.

Sie wollen z.B. das Zeichen ¶ (ASCII-Code 227) in einer Formel verwenden. Drücken Sie die [Alt]-Taste und halten Sie diese gedrückt. Drücken Sie nun [2] [2] [7] auf dem abgesetzten Zahlenblock und bestätigen Sie durch Loslassen der [Alt]-Taste.

Mit den Zeichen aus dem erweiterten Zeichensatz kann es Probleme beim Ausdruck geben. Werden die Zeichen nicht ordnungsgemäß interpretiert, dann kann es an der Einstellung der Dip-Schalter des Druckers liegen. Lesen Sie dazu die Bedienungsanleitung ihres Druckers. Werden die Zeichen über ein Textverarbeitungsprogramm an den Drucker geschickt, muß der passende Druckertreiber geladen sein.

Bild 1.2: Abgesetzer Zahlenblock

Die 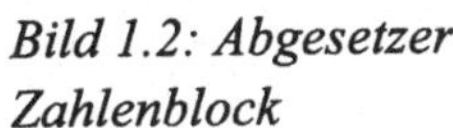-Taste

Die [Strg]-Taste hat bei den meisten Programmen und auch in der DOS-Umgebung eine besondere Bedeutung. Mit [Strg]+[C] kann z.B. die Ausführung eins DIR- oder TYPE-Befehls abgebrochen werden.

Mit

[Strg]+[S]

wird die Pausenfunktion aufgerufen. Es ist ebenso möglich die Pausen-Taste zu verwenden. Nach Tastendruck wird der Befehl oder das Programm weiter ausgeführt. Dies ist auch möglich im Zusammenhang mit DIR oder TYPE.

Mit

[Strg]+[P]

für »Printer« werden alle Bildschirmausgaben zum Drucker umgeleitet. Dies setzt natürlich voraus, daß der Drucker angeschlossen und eingeschaltet ist, da sonst eine Fehlermeldung ausgegeben wird. Diese Fehlermeldung kann ebenfalls im Zusammenhang mit der [Druck]-Taste angezeigt werden. Sie müssen dann kurzfristig den

Drucker einschalten, damit ein Signal zum Drucker geschickt werden kann, oder durch abermaliges Drücken von Strg+P die Protokoll-Funktion ausschalten.

Mit

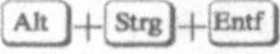

wird ein sogenannter Warmstart durchgeführt. Dies kann z.B. notwendig sein, wenn sich der Rechner aus irgendwelchen Gründen »aufgehängt« hat. Man spricht in diesem Zusammenhang von einem »Rechnerabsturz«. Ein Warmstart ist immer besser als ein Kaltstart (Rechner ausschalten, 10 Sekunden warten, damit die Festplatte auslaufen kann), da bei einem Warmstart die Festplatte weiterläuft und nur alle Informationen aus dem RAM-Speicher gelöscht werden. Nach einem Warmstart muß das System neu gebootet werden (Betriebssystem laden).

Sollte auch die Tastenkombination Alt+Strg+Entf keine Wirkung zeigen, muß der Rechner tatsächlich ausgeschaltet oder falls vorhanden, die Reset-Taste gedrückt werden.

Auch bei kleineren Pausen können Sie Ihren Rechner unbesorgt weiterlaufen lassen, da ein Kaltstart die Lager der Festplatte mehr belastet, als wenn der Rechner eine halbe Stunde läuft, ohne daß daran gearbeitet wird.

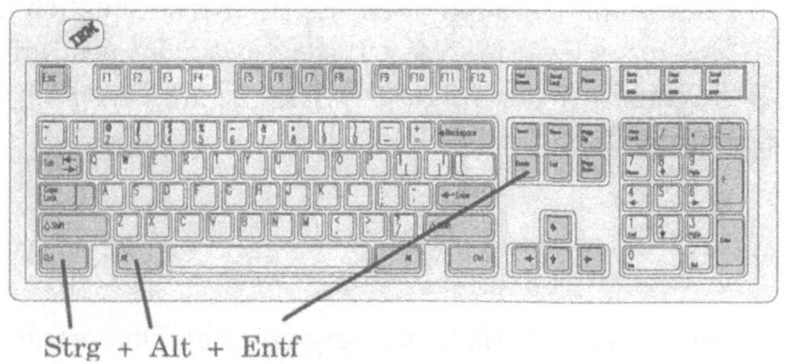

Abb. 1.3: Der Warmstart

Die Rückschritt-Taste

Mit der Rückschritt- oder Backspace-Taste ⬅ wird ein Zeichen
links vom Cursor gelöscht. Diese Taste ist auch bei den meisten
Text-Editoren gültig.

Der numerische Tastenblock

Mit dem numerischen Tastenblock können bequem die Zeichen 0
bis 9 und der Dezimalpunkt (.) eingegeben werden. Dies setzt voraus, daß die Taste ⬇ eingeschaltet ist. Eine Leuchtdiode zeigt
den Status des numerischen Tastenblocks an.

Werden die Cursorsteuertasten ➡ ⬅ ⬇ ⬆ Bild↑ Bild↓ verwendet,
muß NumLock ausgeschaltet sein (Leuchtdiode aus).

Neu: Ab der Version 6.0 kann mit dem Befehl NUM-
LOCK die NUM-Taste explizit ein- und ausgeschaltet werden.

2 Installation von MS-DOS

Wenn Sie Ihren PC ausgepackt und angeschlossen haben, meldet er sich nach dem RAM-Check mit der Anzeige:

```
System Diskette
```

Diese Aufforderung bedeutet, daß der PC ein Betriebssystem braucht, um überhaupt arbeiten zu können.

2.1 Arbeiten mit einem Diskettenlaufwerk

Als erstes muß also die Diskette mit dem Betriebssystem in das Laufwerk A eingelegt und dieses verriegelt werden (Hebel nach unten oder rechts umlegen).

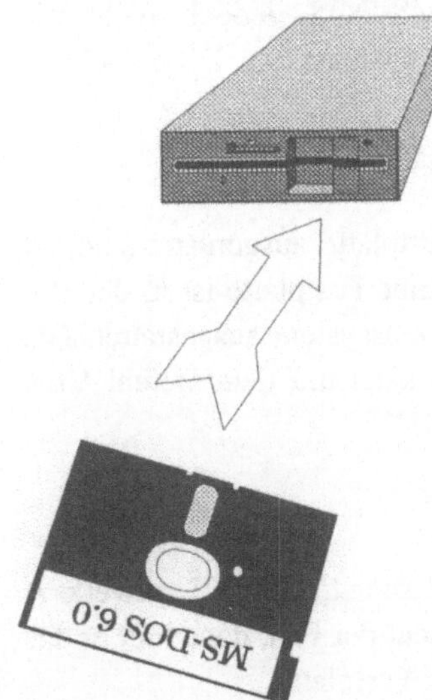

Abb. 2.1: Legen Sie die Diskette in das Laufwerk ein und verriegeln Sie es!

Der Rechner lädt das Betriebssystem. Diesen Vorgang nennt man auch »booten«. Das Betriebssystem meldet sich z.B. mit der Meldung:

```
MS-DOS Version 5.0
```

Wenn diese Meldung nicht erscheint, so kann es bei der Verwendung von zwei Laufwerken möglich sein, daß das andere Laufwerk als Laufwerk A geschaltet worden ist, denn die Laufwerke können sich neben- oder untereinander befinden. Es gibt auch Computer, die dann automatisch auf das zweite Laufwerk umschalten.

Meldet der Rechner:

```
Keine System-Diskette
Drücken Sie eine Taste
```

dann ist auf der Diskette evtl. MS-DOS, jedoch nicht die »bootfähige« Diskette mit den System-Dateien (s.a. FORMAT).

2.2 Arbeiten mit einer Festplatte

Da nahezu alle Rechner mit einer Festplatte ausgerüstet sind, ist dieser Abschnitt besonders wichtig. Eine Festplatte ist in der Regel vorformatiert und mit einem Betriebssystem ausgestattet. Die Versionsnummer des Betriebssytems kann mit dem Befehl VER festgestellt werden:

```
C>VER ⏎
MS-DOS Version 5.0
```

Beim Booten überprüft der Rechner zuerst, ob im Laufwerk A eine Diskette vorhanden ist. Ist das nicht der Fall, dann lädt er das System vom Laufwerk C, also von der Festplatte.

Somit ist es auch möglich, wenn z.B. auf der Festplatte die Version 5.0 installiert ist, über das Laufwerk die Version 6.0 zu laden. Das Laufwerk A hat beim Boot-Vorgang demnach die höchste Priorität.

Ist die Festplatte nicht vorbereitet, so muß diese vor dem eigentlichen Formatieren partitioniert werden. Unter Partitionieren versteht man das Aufteilen der Festplatte in bestimmte Bereiche. Zum Beispiel könnte man eine 42 MByte große Festplatte in zwei 21 MByte große Festplatten aufteilen, um so mit verschiedenen Betriebssystemen z.B. MS-DOS und UNIX arbeiten zu können (s.a. 4.4.1 Festplatte partitionieren). Die Partitionierung wird mit dem FDISK-Befehl durchgeführt.

Bei älteren MS-DOS Versionen wurde die Festplatte mit

```
A>FORMAT C:/S
```

formatiert. Ab der Version 5.0 erfolgt die Übertragung des Systems mit dem Installationsprogramm SETUP.

2.3 Umschalten der Laufwerke

Mit

```
C>A:  ⏎
A>
```

wird von der Festplatte C auf das Laufwerk A umgeschaltet. MS-DOS ist auf der Systemebene recht »pingeling« bei der Eingabesyntax. Wird z.B. »A Leerzeichen Doppelpunkt« und dann ⏎ gedrückt, meldet MS-DOS

```
C>Befehl oder Dateiname nicht gefunden
```

Wo liegt der Fehler?

MS-DOS hat versucht, die Datei »a :« zu laden, die ja nicht existiert.

2.4 Shell oder System?

Bei der Vorbereitung dieses Buches habe ich mich gefragt: Wie wird der Benutzer von MS-DOS 6.0 sein Betriebssystem benutzen?

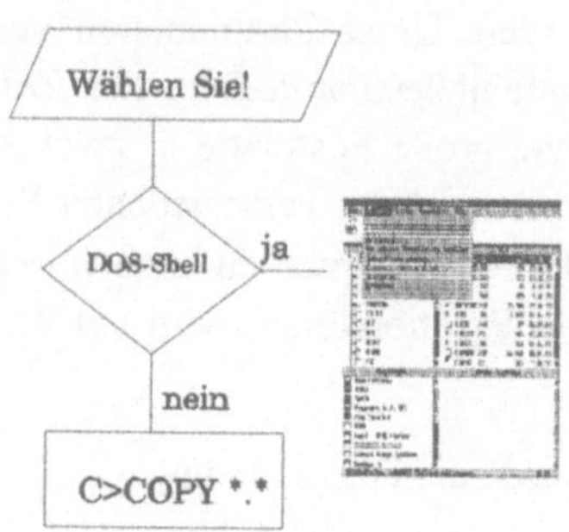

Abb. 2.2: DOS-Shell oder Betriebssystem-Ebene?

Wird er die meisten Arbeiten mit der Shell, also aus der Programmumgebung von MS-DOS machen oder öfters die Befehle direkt verwenden?

Die Entscheidung muß jeder Nutzer selbst treffen. Da beide Möglichkeiten vorhanden sind, aber es wesentlich eleganter ist, die Arbeit aus der DOS-Shell heraus zu erledigen, wird diese auch detailliert beschrieben. Die DOS-Ebene wird daher nur kurz an einigen Beispielen erklärt.

2.5 Sicherungskopie erstellen

Bevor das neue Betriebssystem installiert wird, sollten ihre Original-Disketten vor versehentlichem Löschen mittels Klebestreifen geschützt werden. Bei 5 ¼ Zoll Disketten wird ein kleiner Kunststoff- oder Aluminiumstreifen, der als Aufkleber den Disketten beiliegt, über die Schreibschutzkerben geklebt. Originaldisketten haben meist keine Löschkerbe.

Achtung: Sichern Sie immer ihre Originaldisketten. Ein versehentliches Löschen ist immer mit Ärger verbunden. Als registrierter Kunden erhalten Sie gegen einen Kostenbeitrag meist neue Disketten.

Bei den 3,5 Zoll Disketten befindet sich oben links und rechts ein kleines Fenster, das mittels »Schieber« geschlossen sein muß. Ist das Fenster offen, kann die Diskette überschrieben werden. Einen anderen Schreibschutz werden wir in einem späteren Kapitel kennenlernen - die Dateien werden dann »read-only« gemacht, sie können demnach nur noch gelesen, nicht aber überschrieben werden.

Die Disketten werden bequem mit dem Befehl DISKCOPY kopiert. Dazu wird in das Verzeichnis gewechselt, in dem die DOS-Dateien sind (z.B. \DOS).

```
C:\>CD\DOS ⏎
C:\DOS>DISKCOPY A: A:
```

Ist ein Pfad gesetzt, muß nicht in das Verzeichnis DOS gewechselt werden (s. a. PATH).

In der DOS-Umgebung können die Befehle in Klein- oder Großbuchstaben geschrieben werden. Zwingend erforderlich sind die Leerzeichen. Also: DISKCOPY Leerzeichen A: Leerzeichen A:

Protokoll:

```
C:\DOS> DISKCOPY A: A:
Quelldiskette in Laufwerk A: einlegen
Kopiert werden 40 Spuren
mit 9 Sektoren je Spur, 2 Seite(n)
Zieldiskette in Laufwerk A: einlegen
Drücken Sie eine beliebige Taste, um fortzusetzen...
Noch eine Diskette kopieren (J/N)? N ⏎
```

MS-DOS fordert Sie auf, die Quell-Diskette einzugeben. Nach dem Laden der Dateien wird die Ziel-Diskette verlangt. Dieser Vorgang wird so oft wiederholt, bis alle Spuren und Sektoren übertragen worden sind.

Ist eine Diskette nicht formatiert, so wird sie automatisch auf die richtige Größe gebracht. Hat die Quell-Diskette eine Speicherkapazität von 1,2 MByte, kann diese auch nur von einem 1,2 MByte-Laufwerk gelesen und beschrieben werden. AT-Rechner (mit einem 80286-Prozesssor) sind in der Regel mit diesem Laufwerkstyp ausgestattet. 1,2 MByte-Laufwerke müssen mit HD-Disketten (Double Side, High Density) betrieben werden. Bei einer 360 KByte-Diskette müssen spezielle Parameter übergeben werden (s. FORMAT).

Ist das Betriebssystem 5.0 bereits auf der Festplatte installiert, kann dieser Vorgang auch aus der Shell durchgeführt werden.

2.6 Start von SETUP

Die Datei SETUP.EXE befindet sich auf der Diskette 1. Es gehören insgesamt 7 Disketten zum Lieferumfang. Eine Leer-Diskette muß vorhanden sein, auf die das System übertragen wird. Die sogenannte UNINSTALL #1-Diskette (HD-Diskette) muß auf Verlangen eingelegt werden.

Schalten Sie auf das Laufwerk A um und starten Sie das Programm SETUP. Meldet der Rechner:

```
Befehl oder Dateiname nicht gefunden
```

haben Sie die falsche Diskette eingelegt. Meldet der Rechner:

```
Nicht bereit beim Lesen von Laufwerk A:
(A) bbrechen, (W) iederholen, (U) Uebergehen)?
```

Brechen Sie durch die Eingabe von ⒶⒺ ab.

```
C> A:↵
A> SETUP↵
```

Bevor das neue Betriebssystem installiert wird, kann ein BACKUP durchgeführt werden. Bei einer fast vollen 21 MByte Festplatte sollten demnach ca. 12 bis 15 1,2 MByte Disketten verfügbar sein. Wird das Backup auf 360 KByte-Disketten durchgeführt, braucht man entsprechend mehr (ca. 40 bis 45 Disketten).

Achtung: Die Datensicherung hat den Vorteil, daß Sie eine Sicherungskopie der Festplatte haben, wenn es bei der Übertragung des Systems Schwierigkeiten geben sollte.

Ein BACKUP mit einem 8 MHz AT dauert ca. 45 Minuten. Die Festplatte war zu 90 Prozent belegt.

Neu: Mit dem neuen Backup-Programm der Version 6.0 wird die Datensicherung wesentlich schneller durchgeführt.

SETUP ist voll menügeführt und zeigt sofort seinen »WINDOWS-Charakter«. MS-DOS 6.0 benötigt etwa 7 MByte Speicher auf der Festplatte. Ist dieser Speicher nicht vorhanden, wird angeboten, eine Disketten-Version anzulegen.

Hinweis: Entscheiden Sie sich bei den neuen Tools entweder für die DOS- oder für die Windows-Version. Es ist natürlich auch möglich beide Versionen zu installieren. Sie benötigen dafür aber sehr viel Speicherplatz!

Die SETUP-Diskette 1 ist boot-fähig, somit ist es möglich, MS-DOS 6.0 von der Diskette zu booten. Benutzen Sie die Datei BU-SETUP.EXE

Nachdem SETUP erfolgreich durchgeführt wurde, kann die RECOVER #1-Diskette ebenfalls für den Boot-Vorgang verwendet werden.

Soll ein System auf eine Diskette übertragen werden, wird wie gewohnt der FORMAT-Befehl aus der DOS-Ebene mit dem Parameter /s verwendet.

```
C:\DOS> FORMAT A:/s
```

Es werden die folgenden Dateien übertragen:

IO.SYS   40226

MSDOS.SYS   37512

COMMAND   56060

Das SETUP dauert ca. 12 Minuten.

2.7 Installation einer Diskettenversion

Um eine Diskettenversion zu installieren, wird das Programm SETUP mit dem Parameter /f gestartet:

```
A>SETUP /f
```

Das SETUP ist voll menügeführt und fordert Sie auf, die notwendigen Angaben zu machen.

2.8 Die Datei EXPAND.EXE

Um das Betriebssytem auf wenigen Disketten zu speichern, sind die Dateien »gepackt«. Gepackte Dateien sind durch einen Unterstrich (_) bei der Dateierweiterung gekennzeichnet, z.B.

```
CHKDSK.EX_
FORMAT.EX_
```

Bevor Sie gepackte Dateien verwenden können, müssen Sie diese mit dem EXPAND-Befehl »auspacken«. Es ist daher nicht möglich, diese Befehle in das Verzeichnis DOS zu kopieren und zu starten.

Syntax:

```
EXPAND [Laufw:][PFAD] Dateiname [Laufw:][PFAD]
       Dateiname [...] [Ziel]
```

Laufw: ist eine gültige Laufwerksangabe.

Pfad   ist ein gültiger Pfad.

Dateiname   ist der Name der Datei, die ausgepackt werden soll.

Ziel   ist die Zielangabe, wohin die Datei oder die Dateien kopiert werden sollen.

Beispiel:

```
C>EXPAND B:\FIND.EX_ B:\PRINT.EX_ C:\TEST

Microsoft (R) Dateiexpandierungsprogramm, Version 2.00
Copyright (C) Microsoft Corp. 1990-1992.  Alle Rechte vorbehalten.

b:\find.ex_ wird nach c:\test\find.ex_ kopiert.
b:\find.ex_: 4936 Byte kopiert.

b:\print.ex_ wird nach c:\test\print.ex_ kopiert.
b:\print.ex_: 9715 Byte kopiert.

Gesamt: 2 Dateien, 14651 Byte auf 14651 Byte expandiert, 0 % Zunahme.
```

Die Dateien FIND und PRINT werden ausgepackt und im Verzeichnis C:\TEST gespeichert. Packen Sie z.B. die Datei HELP.HL_ aus, so wird der Unterschied deutlich:

```
komprimiert:          282242 Byte
entkomprimiert:       314959 Byte
```

3 Einstieg in MS-DOS

Wie bereits erwähnt, kann man mit MS-DOS 6.0 mit und ohne Shell arbeiten. Besonders der ungeübte DOS-Benutzer wird sich an die neue Shell sehr schnell gewöhnen und vermutlich alle Arbeiten von dort aus erledigen. Erfahrene DOS-Nutzer werden wohl ebenfalls mit der Shell arbeiten, da sie die Vorteile der Benutzeroberfläche bereits ab der Version 5.0 kennen.

3.1 Umschalten auf andere Laufwerke

Nach dem Start von MS-DOS meldet sich das Betriebssystem entweder mit der Shell, wenn die Datei DOSSHELL aus der AUTOEXEC.BAT aufgerufen wurde, oder mit der Angabe des Laufwerks aus der DOS-Befehlsebene:

```
PROMPT $N$G ⏎
```

Mit Hilfe des PROMPT-Befehls kann das aktuelle Verzeichnis ausgegeben werden:

```
C>PROMPT $P$G ⏎
C:\WORD>
```

Durch Angabe des Laufwerkbuchstabens und eines Doppelpunkts wird auf das neue Laufwerk umgeschaltet:

```
C:\>A:⏎
A:\>
```

Wurde der PROMPT-Befehl verwendet, um den Pfad auszugeben, ist es notwendig, daß sich im angesprochenen Laufwerk eine Diskette befindet, andernfalls wird eine Fehlermeldung ausgegeben:

```
Nicht bereit beim Lesen von Laufwerk A
(A)bbrechen, (W)iederholen, (U)ebergehen?
```

Wird ⟨U⟩ für »Uebergehen« eingegeben, erfolgt die Abfrage:

```
Aktuelles Laufwerk nicht mehr gültig>
```

Nun kann mit C: auf das Laufwerk C umgeschaltet werden. Es ist zwingend erforderlich einen Doppelpunkt nachzustellen.

```
Aktuelles Laufwerk nicht mehr gültig> c:⏎
```

Die Laufwerke werden fortlaufend mit Buchstaben gekennzeichnet.

```
A     Diskettenlaufwerk 1 (Hauptlaufwerk, z.B. 5 ¼
      Zoll, 1,2 MByte)
B     Diskettenlaufwerk 2 (z.B. 3 ½ Zoll, 1,4 MByte)
```

Eine große Festplatte könnte demnach wie folgt aufgeteilt werden:

```
C     Festplatte mit 21,3 MByte
D     Festplatte mit 42,6 MByte
```

3.2 Inhaltsverzeichnis anzeigen mit DIR

Das Betriebssystem MS-DOS kennt zwei unterschiedliche Gruppen von DOS-Befehlen, einmal die Befehle, die mit dem Ladevorgang von MS-DOS in den RAM-Speicher geladen wurden, dies sind Befehle aus dem DOS-Kern (auch Kernel genannt), wie z.B.

⇒ DIR

⇒ VER

⇒ DATE

⇒ TIME

⇒ COPY usw.

und die selbständigen DOS-Dateien, die vor der Ausführung geladen werden müssen, wie z.B.

```
CHKDSK.EXE     überprüft einen Datenträger
FORMAT.EXE     formatiert einen Datenträger
XCOPY.EXE      kopiert Dateien
```

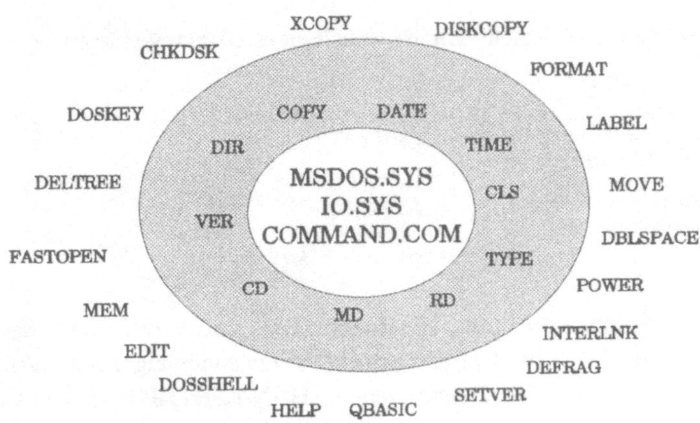

Abb. 4.1: DOS-Kern und Dateien des Betriebssystems

Warum gibt es diese Unterteilung?

Die Vorteile liegen auf der Hand. Befehle, die häufig verwendet werden wie DIR, COPY usw. werden im Speicher abgelegt und sind somit schnell verfügbar. Andere Befehle, wie z.B. CHKDSK werden selten benötigt, brauchen demnach den RAM-Speicher nicht »belasten«.

Wollen Sie nun eine Diskette formatieren, benötigen Sie die Datei FORMAT.EXE von der Betriebssystem-Diskette oder von der Festplatte aus dem Verzeichnis \DOS.

Beispiel:

```
A>FORMAT A:⏎
Neue Diskette in Laufwerk A: einlegen
und anschließend die EINGABETASTE drücken
```

Nun muß die Betriebssystem-Diskette entfernt, die neue Diskette eingeführt und das Laufwerk verriegelt werden. Nach Drücken der ⏎-Taste, wird die Diskette für den entsprechenden Diskettenlaufwerkstyp vorbereitet.

Mit dem DIR-Befehl wird der Inhalt eines Datenträgers gelistet:

```
A>DIR ⏎
 Datenträger in Laufwerk A ist WORD_TXT_9
 Datenträgernummer: 1558-A199
 Verzeichnis von A:\
HAN-LEB1 SIK        2048 02.03.93     18:16
KREISWE1 SIK        2048 02.03.93     18:25
AUTORENL TXT        3072 02.03.93     18:10
           3 Datei(en)       7168 Byte
                           276148 Byte frei
```

Im Kopf wird das Laufwerk (A), das Disketten-Label (WORD_TXT_9) und das aktuelle Verzeichnis angegeben (A:\). Danach werden die Dateinamen wie HAN-LEB1, KREISW1 usw. ausgegeben.

Ab der Version 5.0 wird nicht nur die Summe der freien Byte ausgedruckt, sondern die Gesamtgröße der aufgelisteten Dateien.

Die Dateinamen dürfen aus maximal 8 Buchstaben, Zahlen oder Zeichen bestehen, wobei das erste Zeichen ein Buchstabe sein sollte. Leerzeichen sollen vermieden werden, da nach dem Listen der Dateien durch DIR nicht mehr festgestellt werden kann, ob die Datei

```
KREIS
```

oder

```
KREIS (Leerzeichen)
```

heißt.

Um eine Datei leichter lesen zu können, wird häufig der Unterstrich (_) oder der Bindestrich (-) verwendet, z.B.:

⇒ **CHIP_AN**

⇒ **UPDAT-GE**

Die erste Datei könnte ein Brief an CHIP als Anschreiben sein, UPDAT steht für aktuelle Datei, GE für Germany.

In der zweiten Spalte steht die Erweiterung z.B. TXT für Textdateien, BAS für BASIC-Programme, EXE und COM für selbständig laufende Programme und so weiter.

Eine Erweiterung, Extension oder auch Suffix genannt, besteht aus drei Zeichen und wird dem Dateinamen, durch einen Dezimalpunkt getrennt, nachgestellt. Es können auch eigene Erweiterungen gewählt werden, z.B. KEB.

Beispiele für Erweiterungen:

ASC   Programme mit ASCII-Code

ASM   Assembler-Programme

BAK   Backup-Dateien (Sicherungskopie)

BAS   BASIC-Programme

BAT   Stapeldateien

C   C-Programme (Programmiersprache C)

COM   selbständig laufende Dateien

DAT   Dateien mit Daten

DWG   Zeichnungsdateien (AutoCAD)

EXE   selbständig laufende Dateien

IX1   Indexlisten

MAK   MAK-Dateien

TXT   Textdateien

In der dritten Spalte steht die Dateigröße, in der vierten das Datum und in der fünften die Zeit (a Nachmittag, p Vormittag). In der deutschen Version wird eine 24-Stundenzeit ausgegeben. Die Zeitangabe ist abhängig von der DOS-Version (englische oder deutsche Version) und vom Befehl COUNTRY.

Dem DIR-Befehl kann ein Parameter nachgestellt werden.

```
A>DIR/W

 Datenträger in Laufwerk A ist TXT-10

 Datenträgernummer: 1558-A199

 Verzeichnis von A:\

HAN-LEB1.SIK   KREISWE1.SIK   AUTORENL.TXT   COMMAND.COM   HAN-LEB1.TXT

KREISWE1.TXT   D_LITERA.TXT   WORDPERF.SIK   EUROLOG.SIK   WINCAD.TXT

WINCAD.SIK     UPDAT-GE.CMP   GORILLA.BAS    BORLAND7.TXT  WORDPERF.TXT

EUROLOG.TXT    TOOL_RU2.TXT   SK_DOSKE.TXT   UPDATE.SIK    UPDATE.TXT

WDDII_1.TXT    KAP.90         KAP.91         BAND6.TXT     E_BEGEG.TXT

E_GROBY.TXT    E_SEITE1.TXT   E_SPRÜCH.TXT   E_VORW.TXT    BAND7.TXT

KIRSCH_2.SIK   KIRSCH_2.TXT

      32 Datei(en)     233140 Byte

                   50176 Byte frei
```

Mit dem Parameter /w werden die Dateien fünfspaltig ohne Größe, Datum und Zeit ausgegeben. Dies hat den Vorteil, daß wesentlich mehr Dateien gelistet werden können.

Mit dem Parameter /p für Page, werden die Dateien seitenweise auf dem Bildschirm angezeigt. Am Ende wird die Anzahl der Dateien, z.B. 32 Datei(en), die Summe der 32 Dateien in Byte (233140 Byte) und die Anzahl der freien Byte (50176 Byte frei) des Datenträgers ausgegeben.

Der Parameter /O

Mit dem Parameter /O werden die Daten sortiert ausgegeben. Weiter Sortierparameter können nachgestellt werden:

Parameter	Bedeutung
N	Alphabetisch nach Dateinamen
E	Alphabetisch nach Dateierweiterungen
G	Verzeichnisse zuerst
S	Dateigröße (Size)
D	Dateidatum und Zeit

Wird das Minuszeichen (-) vorangestellt, werden die Dateien in umgekehrter Reihenfolge gelistet. Zum Beispiel wird mit -S die größte Datei zuerst ausgegeben.

Beispiel:

```
DIR /O:s
DIR /O:-s
```

Der Parameter /S

Mit dem Parameter /S werden alle Dateien in allen Verzeichnissen auf dem Bildschirm gelistet. Eine Verknüpfung mit anderen Parametern ist möglich, so daß die Dateien z.B. alphabetisch sortiert ausgegeben werden.

Beispiel:

```
DIR /O/S
```

Der Parameter /A

Mit dem Parameter /A werden die Dateiattribute ausgegeben. Folgende Parameter können durch Doppelpunkt getrennt nachgestellt werden:

Parameter	Bedeutung
D	Verzeichnisse
H	Versteckte Dateien (hidden)
S	Systemdateien
R	Dateien die "read-only" sind (nur lesen)
-	Negation

3.3 Jokerzeichen

Mit dem DIR-Befehl ist es möglich, Dateien zu suchen. Wenn man z.B. eine Datei sucht, die mit D beginnt, reicht es, wenn dieser Buchstabe mit einem nachgestellten Sternchen (*) angegeben wird. DOS listet dann alle Dateien, die mit D beginnen.

```
A>DIR D*
 Datenträger in Laufwerk A ist DOS_50_SYS
 Datenträgernummer: 382F-11F9
 Verzeichnis von A:\
DOSSHELL COM     4135 15.08.92   3:33
DOSSHELL EXE   213796 15.08.92   3:33
DOSSHELL VID    10852 15.08.92   3:33
DOSSHELL INI     5217 17.11.92   10:57
DOSSHELL HLP    99623 15.08.92   3:33
        5 Datei(en)     322771 Byte
                         39229 Byte frei
```

Weiß man, daß zum Beispiel die Datei mit DR beginnt, werden diese Zeichen dem DIR-Befehl nachgestellt. Es werden dann zum Beispiel die folgenden Dateien gelistet:

```
A>DIR DR*
 Datenträger in Laufwerk A ist DOS_50_SYS
 Datenträgernummer: 382F-11F9
 Verzeichnis von A:\
DRIVER   SYS     5289 15.08.92   3:33
    1 Datei(en)       5289 Byte
               55808 Byte frei
```

Werden sämtliche EXE-Programme, also Dateien mit der Erweiterung EXE, gesucht, wird der Befehl wie folgt eingegeben:

```
A>DIR *.EXE
```

Mit dem Sternchen werden demnach alle Dateien gesucht, die gleichnamig beginnen und dann durch andere x-beliebige Zeichen ergänzt werden.

Mit dem Fragezeichen (?) wird nur ein Zeichen ergänzt:

Mit

```
A>DIR KREIS?
```

wird die Datei

```
KREIS1.BAS
KREIS2.BAS
KREISA.TXT
```

nicht aber die Datei

```
KREIS11.BAS
```

gefunden, da durch die Angabe eines Fragezeichens nur ein Zeichen ersetzt wird. Es können aber auch mehrere Fragezeichen sogar mit Sternchen verwendet werden.

```
A> DIR BAS?.*
```

findet die Dateien

```
BAS-1. TXT
BAS-2. BAS
BAS-3. BAS
```

Die Jokerzeichen werden vor allem im Zusammenhang mit dem COPY-Befehl verwendet.

Zusammenfassung:

DIR *.TXT   Listet alle Textdateien.

DIR KAP*.*   Listet alle Dateien, die mit KAP beginnen.

DIR KAP*.TXT   Listet alle Dateien, die mit KAP beginnen und
                    Textdateien sind.

DIR KA??.TXT   Listet alle Textdateien, die mit KA beginnen
                    und zwei Zeichen nachgestellt haben.

Neu: Mit der Version 6.0 sind zahlreichen Neuerungen
                    hinzugekommen. Zum Beispiel wird mit dem Parameter /c das Komprimierungsverhältnis angegeben.
                    Mit mit DIR /? oder HELP DIR erhalten Sie alle Parameter.

3.4 Datum und Uhrzeit

Mit dem Befehl DATE kann das Datum eingestellt werden:

```
C>DATE ⏎
Gegenwärtiges Datum: Fr, 10.05.1993
Neues Datum (TT.MM.JJ): 02.10.1991
```

Die Eingabe erfolgt bei der englischen Version durch Eingabe von: TagTag.MonatMonat.JahrJahr. Die Daten werden durch Punkt (.) oder Bindestrich(-) getrennt.

```
C>DATE  ⏎
Gegenwärtiges Datum: Mi, 02.01.1993
Neues Datum (TT.MM.JJ): 10-05-91
```

Wird nach Abfrage des Datums die ⏎-Taste gedrückt, erfolgt keine Änderung.

Hinweis: Bitte beachten Sie, daß die Datums- oder Zeitänderung bei den älteren DOS-Versionen für einen AT, also einen Rechner mit einem 80286-Prozessor, nur temporär waren, daß heißt, wurde der Rechner ausgeschaltet, waren die neuen Daten verloren.

Bei MS-DOS 6.0 werden mit TIME und DATE diese Informationen wie bei einem SETUP in einem CMOS-Baustein gespeichert, so daß nach einem neuerlichen Start die geänderten Daten gelesen werden können.

Analog zur Datumsänderung wird die Zeit eingegeben. Anstelle des Bindestrichs, kann für die Trennung der Daten ein Doppelpunkt benutzt werden.

```
C>TIME
Gegenwärtige Uhrzeit: 17:10:25,50
Neue Uhrzeit: 10-10
Unzulässige Zeitangabe
Neue Uhrzeit: 17.15
```

Wird die Zeit, wie in Deutschland üblich, im 24 Stunden-Intervall eingegeben und mit einer amerikanischen Version gearbeitet, erfolgt eine automatische Umrechnung in a.m. oder p.m.

3.5 Die Datei AUTOEXEC.BAT

Nach dem Laden des Betriebssystems (booten) wird zuerst die Datei AUTOEXEC.BAT gestartet. In dieser Datei wird die DOS-Umgebung eingestellt und evtl. werden speicherresidente Programme geladen.

Die Datei kann mit COPY CON erstellt werden - oder besser natürlich mit dem Programm EDIT. Damit z.B. EDIT auch aus dem

Hauptverzeichnis gestartet werden kann, wird in der AUTO-EXEC.BAT ein Pfad angelegt.

Eine AUTOEXEC.BAT könnte wie folgt aussehen:

```
@ECHO OFF
PATH C:\DOS;
CLS
VER
PROMPT $p$g
```

Es wird der Pfad C:\DOS eingestellt und der Bildschirm gelöscht (CLS) sowie die Versions-Nummer ausgegeben.

Hinweis: Bitte beachten Sie, daß alle Befehle, wie bereits erwähnt auch klein geschrieben werden können. Es entsteht **kein** Fehler (`ver` = `VER`).

Weitere Informationen entnehmen Sie den Kapiteln »Stapeldateien« und »Festplattenverwaltung«.

3.6 Die Datei CONFIG.SYS

Die Datei CONFIG.SYS wird automatisch nach dem Boot-Vorgang geladen. Dies setzt natürlich voraus, daß die Datei im Hauptverzeichnis vorhanden ist, oder ein entsprechender Pfad in der AUTOEXEC.BAT mit PATH gesetzt wurde.

Eine CONFIG.SYS-Datei könnte wie folgt aussehen:

```
FILES=30
COUNTRY = 049
BUFFERS = 20
DEVICE=C:\DOS\ANSI.SYS
```

Mehr über die Möglichkeiten einen Rechner einzustellen, finden Sie im Kapitel 8 »Systemkonfiguration«.

3.7 Der PROMPT-Befehl

Mit dem PROMPT-Befehl können Sie z.B. den Verzeichnispfad ständig anzeigen. Wir haben diesen Befehl bereits für die AU-TOEXEC.BAT verwendet. Desweiteren können Sie damit den

Cursor an eine X-Y-Koordinate bewegen, eine Farbvoreinstellung durchführen usw..

Hinweis: Ab der Version 5.0 ist MS-DOS mit einer interaktiven Hilfe ausgestattet. Wird nach dem Befehl ein Schrägstrich (/) und ein Fragezeichen eingegeben, werden Syntax und Parameter ausgedruckt.

Beispiel:

```
C>PROMPT /?
Modifiziert die MS-DOS-Eingabeaufforderung.
```

Syntax:

```
PROMPT [Text]
```

Text Bezeichnet die neue Eingabeaufforderung.

Sie kann aus normalen Zeichen und folgenden Sonderzeichenfolgen bestehen:

Parameter	Beschreibung
$Q	= (Gleichheitszeichen)
$$	$ (Dollarzeichen)
$T	aktuelle Uhrzeit
$D	aktuelles Datum
$P	aktuelles Laufwerk und Verzeichnis
$V	Nummer der MS-DOS-Version
$N	aktuelles Laufwerk
$G	> (Größer-als-Zeichen)
$L	< (Kleiner-als-Zeichen)
$B	| (Verkettungszeichen)
$H	Rückschritt (löscht vorangehendes Zeichen)

$E	Escape-Zeichen (ASCII-Code: 27)
$_	Wagenrücklauf und Zeilenvorschub

Der Befehl PROMPT ohne Parameter stellt die Standardeinstellung wieder her.

Beispiel:

```
PROMPT
```

Mit dem nachfolgendem Beispiel wird die Uhrzeit, das Datum, das Laufwerk und das >-Zeichen ausgegeben:

```
C>PROMPT $T$D$N$G ⏎
8:59:14,90Di, 20.04.1993C>
```

Leerzeichen erhöhen die Übersichtlichkeit:

```
9:02:10,17Di, 20.04.1993C>PROMT $T $D $N$G ⏎
9:02:22,03 Di, 20.04.1993 C>
```

Folgende Farben sind gültig:

Vordergrundfarbe	Hintergrundfarbe	Ergebnis
30	40	Schwarz
31	41	Rot
32	42	Grün
33	43	Grün
34	44	Blau
35	45	Magentarot
36	46	Cyanblau
37	47	Weiß

Beispiel:

```
PROMPT $e[32m$e41m ⏎
```

Mit dieser Einstellung wird die Hintergrundfarbe auf Grün, die Vordergrundfarbe auf Rot umgestellt. Die eckige Klammer erhalten Sie über die Dreifachbelegung der Tastatur, z.B. ⟨Alt Gr⟩+⟨8⟩.

3.8 DOSKEY

Mit dem Befehl DOSKEY werden sämtliche Eingaben auf der DOS-Ebene gespeichert. Das wiederholte Eingeben von Befehlen, Pfaden und Anweisungen entfällt somit.

Syntax:

```
DOSKEY [/Reinstall] [Bufsize=Größe] [/History]
[Macros] [Insert]|Overstrike] [Macro=Text]
```

Kein Parameter	bewirkt, das DOSKEY speicherresident installiert wird. DOSKEY benötigt nur 3 KByte im Hauptspeicher und kann aus der AUTOEXEC.BAT aufgerufen werden.
macro=text	erzeugt ein Makro, welches einen oder mehrere MS-DOS-Befehle beinhaltet. Das Wort *macro* steht für einen definierten Makronamen. *text* steht für die MS-DOS-Befehle, die übergeben werden.
/reinstall	installiert DOSKEY, obwohl DOSKEY bereits aufgerufen wurde. Die Daten, die mit DOSKEY gespeichert wurden, werden gelöscht.
/bufsize= Größe	legt die Größe des Speichers für DOSKEY und die verwendeten Makros fest. Die Standardeinstellung beträgt 512 Byte, die Mindestgröße.
/MACROS	zeigt alle DOSKEY-Makros an. Diese Informationen können auch in eine Datei umgeleitet werden.
HISTORY	listet alle im Speicher vorhandenen Befehle. Diese Informationen können auch in eine Datei umgeleitet werden. Die Abkürzung /h ist gültig.
/insert overstrike	bewirkt mit der Option *insert*, daß ein neuer Text in den alten Text übernommen wird. Mit *overstrike* wird der alte Text überschrieben.

Es sind folgende Tasten und Funktionstasten im Zusammenhang mit DOSKEY gültig:

Tasten:

⬆	ruft den letzten, vorletzten usw. Befehl auf.
⬇	ruft den nächsten, übernächsten usw. Befehl auf.
Bild⬇	ruft den ältesten oder ersten Befehl auf.
Bild⬆	ruft den letzten Befehl auf.
⬅	bewegt den Cursor ein Zeichen nach links.
➡	bewegt den Cursor ein Zeichen nach rechts.
Strg+⬅	bewegt den Cursor ein Wort nach links.
Strg+➡	bewegt den Cursor ein Wort nach rechts.
Pos1	bewegt den Cursor an den Anfang des Textes.
Ende	bewegt den Cursor an das Ende des Textes.
Esc	löscht die Eingabe vom Bildschirm.
F1	holt ein Zeichen aus dem Speicher.
F2	sucht vorwärts bis zum definierten Buchstaben.
F3	kopiert den Rest des Zeilenspeichers in die Befehlszeile.
F4	löscht die Eingabe von der aktuellen Cursorposition bis zum definierten Buchstaben oder Zeichen.
F5	kopiert das Dateiendezeichen (^Z).
F7	listet alle gespeicherten Befehle.
Alt+F7	löscht alle Befehle aus dem Speicher.
F8	sucht im Speicher nach einem Befehl, der mit den definierten Buchstaben beginnt. Nach wiederholtem Drücken von F8 wird der nächste Befehl gesucht und angezeigt.

[F9]	sucht einen definierten Befehl. Es wird die Zeilennummer des Befehls abgefragt.
[F10]	listet, falls vorhanden, alle Makros.
[Alt]+[F10]	löscht alle Makros.
[Einfg]	schaltet den Modus »Einfügen« ein. Der Umschaltvorgang wird durch einen etwas breiteren blinkenden Cursor dokumentiert. Nach Drücken der ↵-Taste wird automatisch wieder in den Überschreibemodus gewechselt.

3.8.1 Übungen mit DOSKEY

DOSKEY wird installiert, indem die Datei im Verzeichnis \DOS aufgerufen wird. Es ist ebenso möglich, DOSKEY aus der AUTOEXEC.BAT zu starten.

```
C>DOSKEY ↵
DosKEY installiert.
```

Ist DOSKEY bereits installiert und wird noch einmal der Befehl aufgerufen, werden die Daten nicht gelöscht - und es wird keine Fehlermeldung ausgegeben.

Nun arbeiten wir ganz normal weiter auf der DOS-Ebene. DOSKEY notiert alle Befehle in einer internen Datei.

Beispiel:

```
C>DIR
C>DIR T*.TXT
C>DOSKEY
C>SK
C>DIR *.TXT
C>DIR T*.BAS
C>CHKDSK C:
C>CHKDSK A:
```

Mit der Cursorsteuertaste [↑] wird der letzte Befehl gelistet:

```
C>CHKDSK A:
```

Wird die Taste wiederum gedrückt, wird der vorletzte Befehl gelistet:

```
C>CHKDSK C:
```

Mit der Cursorsteuertaste ⬇ wird zum nächsten Befehl gewechselt:

```
C>CHKDSK A:
```

Sie können somit in der gesamten Datei hin- und herblättern.

Mit der Funktionstaste ⟦F7⟧ listen Sie alle gespeicherten Befehle:

```
1: DIR
2: DIR T*.TXT
3: DOSKEY
usw.
```

Das >-Zeichen zeigt an, an welcher Stelle Sie sich momentan in der Datei befinden.

Mit der Cursorsteuertaste ⟦Bild↓⟧ schalten Sie zum letzten Befehl in der Dateiliste, also:

```
C>CHKDSK A:
```

Mit der Cursorsteuertaste ⟦Bild↑⟧ schalten Sie zum ersten Befehl in der Dateiliste also:

```
C>DIR
```

Mit den Cursorsteuertasten ⬅ und ➡ können Sie zu einer bestimmten Stelle gehen, um einen Befehl zu editieren. Sie wollen z.B. alle T*.SIK Dateien listen. Dazu wählen Sie den Befehl

```
DIR *.TXT
```

mit den Cursorsteuertasten ⬆ oder ⬇ an, je nachdem wo Sie sich in der Datei befinden, und wechseln mit der Cursorsteuertasten ⬅ bis zum T von TXT. Da Sie sich im Überschreibenmodus befinden, werden die Buchstaben überschrieben. Sie können nun SIK eingeben.

```
C>DIR T*.SIK
```

Die neue Eintragung wird an die Stelle 9 gesetzt. Diese Editier-
möglichkeit ist vor allem wichtig, wenn lange Pfade angegeben
werden:

```
C>COPY *.TXT C:\WORD\MUELLER\PRIV
```

Mit [Pos1] oder [Ende] können Sie schnell zum Anfang oder Ende eines
Befehls gelangen. [Esc] löscht die Eingabe auf dem Bildschirm.

Mit [F2] können Sie schnell innerhalb eines Befehls zu einem bestimmten Zeichen springen. Sie haben z.B. den Befehl

```
C>COPY *.TXT C:\WORD\MUELLER\PRIV
```

eingegeben und stehen mit dem Cursor an Position 1 und wollen
PRIV durch TXT ersetzen. Sie müssen nun nicht mit der Cursor-
steuertaste [→] bis zum Zeichen P gehen, sondern können mit [F2]
[P] direkt zum definierten Zeichen springen.

Mit [F4] können Sie von der aktuellen Cursorposition die Zeichen
bis zum definierten Zeichen löschen. Sie haben wiederum den Befehl

```
C>COPY *.TXT C:\WORD\MUELLER\PRIV
```

aus der Dateiliste geholt und stehen mit dem Cursor auf dem »W«
von WORD. Mit [F4] und [P] werden alle Zeichen von der aktuellen Cursorposition bis zum nächsten »P« gelöscht. Ist das definierte Zeichen nicht vorhanden, wird kein Zeichen gelöscht und es
erfolgt auch keine Fehlerangabe.

Mit [F8] wird ein Befehl mit einem definierten Buchstaben oder einer Zeichenfolge gesucht.

```
C>D [F8]
```

sucht z.B. den Befehl

```
C>DIR
```

nach wiederholtem Drücken von [F8] werden die folgende Befehle
gelistet:

```
C>DIR T*.TXT
C>DOSKEY
usw.
```

Mit ⌷Alt⌷+⌷F7⌷ werden alle Eintragungen gelöscht. Es erfolgt keine Sicherheitsabfrage. Nach Drücken der ⌷F7⌷-Taste werden nun keine Befehle gelistet.

Mit dem Pi-Zeichen (¶) können Sie mehrere Befehl hintereinander eingeben. Das Pi-Zeichen wird mit ⌷Strg⌷+⌷T⌷ erzeugt. Sie können nun z.B. alle Dateien und das Verzeichnis gleichzeitig löschen:

```
DEL \SIK\*.*¶ RD \SIK
```

Aufgabe: Es sollen nun alle TXT-Dateien gelistet werden, danach alle BAS-Dateien. Die Ausgaben sollen durch den PAUSE-Befehl unterbrochen werden:

```
DIR *.TXT ¶ PAUSE ¶ DIR *.BAS
```

Die Befehlsliste kann mit dem Größerzeichen (>) als Datei abgespeichert werden, z.B.:

```
DOSKEY /HISTORY > BEFEHL.DKY
```

3.8.2 Umgang mit den Makros

Mit einem Makro kann ein DOS-Befehl oder auch mehrere Befehle ausgeführt werden. Somit ist es möglich Batch-Dateien mittels DOSKEY zu erstellen. Es können maximal 127 Zeichen übergeben werden.

Syntax:

```
DOSKEY macro=Makrotext
```

Es sind folgende Sonderzeichen gültig:

$G oder $g   ist gültig für das Größerzeichen (>), um z.B. Dateien zu einem Gerät umzuleiten.

$L oder $I   ist gültig für das Kleinerzeichen (<), um z.B. Dateien von einem Gerät zu laden.

$B oder $b   ist gültig für das Pipe-Zeichen (|).

$T oder $t   trennt einzelne Befehle.

$$	definiert das Dollar-Zeichen ($).
$1 bis $9	wird wie in der Batch-Verarbeitung als Variable verwendet (%1 bis %9).
$*	ersetzt Parameter, welche in den Makros verwendet werden. Das $*-Symbol kann ähnlich dem $1 bis $9 benutzt werden - es besteht jedoch ein wichtiger Unterschied. Alles was nach dem Makro-Namen eingegeben wird, wird ersetzt durch das $*-Zeichen im Makro.

Mit dem ECHO OFF-Befehl kann die Ausgabe auf dem Bildschirm unterdrückt werden. Sie können ein Makro löschen, indem Sie ein Leerzeichen übergeben, z.B.:

```
DOSKEY TEST=
```

4 Festplattenverwaltung

Die Festplatte gehört mittlerweile fast schon zur Standardausrüstung eines jeden PC. Waren Festplatten noch vor Jahren sehr teuer, so liegt der Preis von kleineren Datenträgern heute nur unwesentlich über dem eines Diskettenlaufwerks.

4.1 Diskettenlaufwerk

Ein Diskettenlaufwerk arbeitet ähnlich wie eine Festplatte. Das Speichermedium, die Diskette, besteht aus einer flexiblen Kunststoffscheibe, die aus magnetisierbarem Material besteht. Es gibt 3, 3 ½, 5 ¼ und 8 Zoll große Disketten.

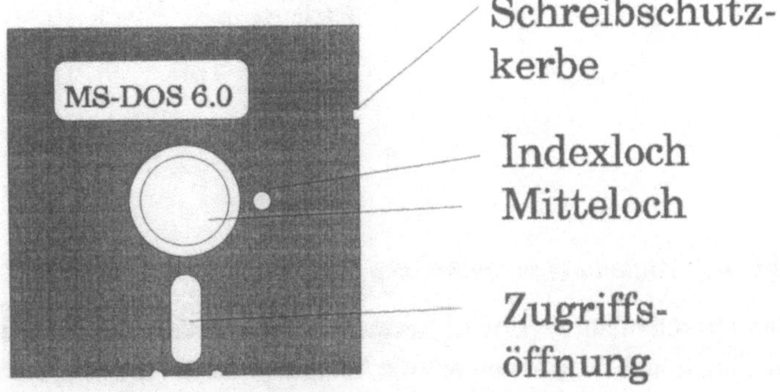

Abb. 4.1: Eine 5 ¼-Zoll-Diskette

Die Daten werden mit einem oder zwei Schreib- und Leseköpfen auf die Diskettenoberfläche gebracht. Die dabei entstehenden konzentrischen Kreise nennt man Spuren. Einzelne Spuren sind weiter in Sektoren aufgeteilt.

Die Spur- und Sektoradressen der Programme sind im Inhaltsverzeichnis der Diskette gespeichert. Somit kann das Laufwerk unverzüglich das richtige Programm laden.

Mittels Formatierungsbefehl (FORMAT) wird der Datenträger auf die laufwerkseigene Datendichte festgelegt.

Achtung: Laufwerke mit einer Speicherkapazität von 1,2 MByte können Disketten mit einer Dichte von 360 KByte lesen, nicht aber umgekehrt. Aber Vorsicht! Auch bei einem 1,2 MByte-Laufwerk kann es zu Datenverlusten kommen. Die Dateien können nicht mehr geladen werden.

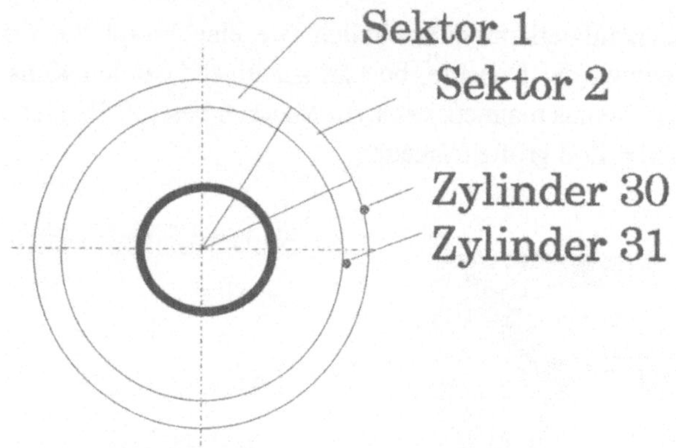

Abb. 4.2: Aufteilung in Spuren und Sektoren

Das Diskettenlaufwerk wird heute vornehmlich dazu verwendet, die Daten und Programme auf die Festplatte zu übertragen. Doch sollten die Daten immer auch auf einer Diskette als Sicherungskopie vorhanden sein, denn ein Datenverlust kann viel zusätzliche Arbeit bedeuten. Werden Daten häufig verändert (z.B. Lagerhaltung usw.), kann es notwendig sein, täglich ein Backup durchzuführen. Backups sind aber sehr zeitintensiv; es lohnt sich dann evtl. die Anschaffung eines Streamers (s.a. 4.3 Streamer).

4.2 Festplatte

Viele Programme sind ohne Festplatte gar nicht mehr lauffähig, da
sie mehrere Megabyte Speicher benötigen. Der schnelle Zugriff
auf die Daten und Programme ermöglicht ein rasches und komfortables Arbeiten.

Die Schnelligkeit einer Festplatte wird in Millisekunden (ms) gemessen. Je teurer und besser eine Festplatte ist, um so kürzer sind
die Zugriffszeiten (12 bis 60 ms). Eine gute Festplatte hat eine
mittlere Zugriffszeit von etwa 28 ms.

Abb. 4.3: Die Festplatte

Der Magnetplattenspeicher besteht aus mehreren übereinanderlie-
genden Magnetplatten. Die Platten bestehen aus einer Aluminium-
legierung - bei einigen Herstellern auch aus Titan - und sind mit
einer magnetisierbaren Schicht überzogen. Die Schreib- und Leseköpfe greifen wie ein Kamm zwischen die Platten des Stapels.
Durch die Drehung um die Hochachse werden die Informationen
auf einer Kreisspur gespeichert.

Mehrere Spuren übereinander, d.h. konzentrische Kreise mit dem
gleichen Durchmesser, bilden einen Zylinder. Um die mechani-
sche Bewegung der Zugriffsmechanik so gering wie möglich zu
halten, werden die Daten nicht hintereinander auf einer Spur, son-

dern übereinander auf einem Zylinder abgelegt. Durch die Dreh-
bewegung eines Zylinders können so z.B. je nach Festplatte

```
20 Spuren/Zylinder * 12288 Bytes/Spur = 245 760 Byte
```

also rund 246 KByte geladen werden.

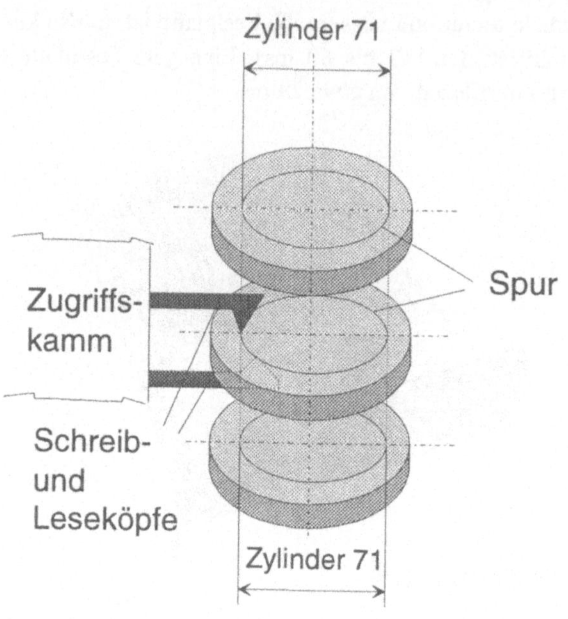

Abb. 4.4: Mehrere Spuren übereinander bilden einen Zylinder

Die Festplatte dreht sich, je nach Hersteller, mit ca. 2.400 Umdre-
hungen pro Minute. Die Größe von Festplatten reicht von 20
MByte bis über 1 Gigabyte. Bei 386-Rechner liegen die üblichen
Plattengrößen zwischen 80 MByte und 210 MByte.

4.3 Streamer

Das Backup einer 21,3 MByte großen Festplatte, die zu etwa 90 Prozent belegt ist, dauert mit einem 8 MHz AT ca. 45 Minuten. Verwendet man anstelle der alten Betriebssystem-Datei BACKUP das Programm MS-BACKUP, so wird die Erstellung eines Backups auf ca. 10 Minuten reduziert. Es ist aber weiterhin notwendig, daß ein Mitarbeiter die ganze Zeit vor dem Rechner sitzt und wie ein »Diskjokey« die Disketten wechselt.

Müssen Backups sehr häufig erstellt werden, da große Datenmengen verwaltet werden und die Neueingabe der Daten mit sehr großem Zeitaufwand verbunden ist (z.B. Lagerhaltung, Finanzbuchhaltung usw.), lohnt sich die Anschaffung eines Streamers oder einer Festplatte mit Wechselsystem.

Streamer werden wie eine Festplatte fest im Rechner eingebaut. Es ist auch möglich, einen Streamer extern zu bearbeiten. Die Daten werden ähnlich wie bei einem Kassettenlaufwerk auf einer Datenkassette abgespeichert. Die Datensicherung einer 20 MByte-Platte dauert je nach System ca. 5 bis 15 Minuten, wobei hier der Vorteil ist, daß nicht permanent die Disketten gewechselt werden müssen. Die Bänder können nach der Datensicherung im Panzerschrank untergebracht werden, wo sie vor Diebstahl und Feuer sicher sind.

Die Datensicherung über Festplatten mit Wechselplatten, z.B. mittels Bernoulli-Box, hat den Vorteil, daß die Daten relativ schnell übertragen werden. Auch hier kann die Wechselplatte aus dem Computer entfernt und in einem Safe gelagert werden.

4.4 Festplattenverwaltung

Ebenso wie Disketten müssen auch Festplatten formatiert werden, bevor Daten und Programme abgespeichert werden können. Bis einschließlich der Version 3.3 konnten Festplatten nur bis zu einer Größe von 32 MByte verwaltet werden. Zusätzliche Software war notwendig, um große Festplatten »an einem Stück« zu organisieren.

Ab der Version 4.0 war es erstmals möglich, auch große Festplatten als eine einzige Partition zu verwalten. Aber auch ab der Version 4.0 kann es notwendig und sinnvoll sein, eine große Festplatte in mehrere logische kleine Festplatten aufzuteilen. Diesen Vorgang nennt man Partitionieren. Eine Festplatte von 100 MByte wird zum Beispiel in die Laufwerke C (30 MByte), D (30 MByte), E (20 MByte) und F (20 MByte) aufgeteilt.

4.4.1 Festplatte partitionieren

Mit dem Befehl FDISK kann eine Festplatte bei Bedarf in verschiedene logische Festplatten aufgeteilt werden. Dies wird vor allem dann notwendig, wenn mit verschiedenen Betriebssystemen gearbeitet werden soll. So kann zum Beispiel die Platte C mit MS-DOS und die Platte D mit UNIX belegt sein. Auf einer Festplatte können bis zu vier Partitionen eingerichtet werden.

Da die Betriebssysteme ihre Dateien unterschiedlich verwalten, ist ein Zugriff von DOS zum Beispiel auf eine UNIX-Datei nicht möglich.

Achtung: Wird eine Festplatte mit FDISK partitioniert, werden automatisch alle Dateien gelöscht. Danach muß der Datenträger mit FORMAT formatiert werden.

Eine Partition kann maximal 2 Gigabyte betragen. Um eine Partion zu ändern, müssen zuerst die Partionen gelöscht werden.

Achtung: FDISK kann nicht im Zusammenhang mit SUBST und JOIN verwendet werden.

Kopieren Sie die Datei FDISK.EXE auf Ihre bootfähige Diskette (incl. Systemdateien: `MSDOS.SYS`, `COMMAND.COM`, `IO.SYS`).

Eine bootfähige Diskette wird mit

```
C>SYS A:⏎
```

erstellt. Starten Sie FDISK vom Laufwerk A mit

`A>FDISK` ⏎

Mit dem Menüpunkt 1 kann eine DOS-Partition erstellt werden. Soll zum Beispiel eine UNIX-Partition angelegt werden, so verwenden Sie dazu das entsprechende UNIX-Programm. Es gehört zum Lieferumfang des Betriebssystems.

Es wird nun gefragt, ob die gesamte Festplatte für DOS verwendet werden soll. Wird die Frage mit ⒥ für »ja« beantwortet, wird die Partition angelegt, und die Festplatte muß neu formatiert werden.

Bei der Antwort Ⓝ für »nein«, haben Sie die Möglichkeit, kleinere Partitionen zu erstellen. Sie können nun evtl. einen kleineren Teil der Festplatte für ein anderes Betriebssystem reservieren.

Mit dem Menüpunkt 2 kann die aktive DOS-Partition geändert werden. Damit ist es z.B. möglich, von der aktiven DOS-Partition auf die UNIX-Partition umzuschalten. Bei einem neuerlichen »Booten« wird nunmehr das Betriebssystem UNIX geladen.

Mit dem Menüpunkt 3 wird eine DOS-Partition wieder gelöscht. Mit dem Menüpunkt 4 werden die DOS-Partitionen angezeigt.

4.4.2 Formatieren der Festplatte

Die Festplatte wird mit dem FORMAT-Befehl formatiert. Dazu wird die Betriebssystem-Diskette in das Laufwerk A gelegt. Wollen Sie die Version 6.0 auf die Festplatte übertragen verwenden Sie die Datei SETUP. Soll auf einen Datenträger die Systemdateien der Version 6.0 übertragen werden, so muß auch die Version 6.0 geladen sein. Mit dem Parameter /s werden die System-Dateien übertragen, und das Laufwerk C (oder die Diskette im Laufwerk A) ist nun »bootfähig«.

`A>FORMAT C:/S` ⏎

Achtung: Der FORMAT-Befehl löscht automatisch alle Datei-
en auf dem Datenträger. Ist die Festplatte bereits
formatiert, wird von DOS der Name des Datenträgers
abgefragt, um ein versehentliches Löschen der Daten
zu verhindern.

Nach der Formatierung hat FORMAT.EXE drei Dateien übertragen. Nach einem DIR wird aber nur die Datei COMMAND.COM
aufgelistet, da die zwei Dateien IO.SYS, MSDOS.SYS unsichtbar
(hidden) sind. Man bezeichnet diese Dateien auch als System-
Dateien.

4.4.3 Verzeichnisstruktur

Nun wird die Verzeichnisstruktur angelegt. MS-DOS organisiert
die Festplatte wie einen Baum. Mit dem Befehl TREE kann dieser
Baum sichtbar gemacht werden. Arbeiten Sie mit der DOS-Shell,
dann wird das Verzeichnis im Fenster »Verzeichnisstruktur« angezeigt.

Die Verzeichnisstruktur beginnt immer aus der sogenannten
»Root« oder dem Hauptverzeichnis (Directory). Von dort aus verzweigen die Unterverzeichnisse (auch Subdirectories genannt). Es
können verschiedene Ebenen angelegt werden.

Wir wollen die Festplatte an einem praktischen Beispiel organisieren. Als erstes benötigen wir das Verzeichnis DOS, in dem alle
DOS-Dateien abgelegt werden können.

4.4.4 Anlegen eines Unterverzeichnisses

Das Verzeichnis wird mit MKDIR (Make Directory) oder mit der
Abkürzung MD angelegt.

```
C>MD DOS
```

Nun können alle DOS-Dateien vom Laufwerk A nach C kopiert
werden.

```
C>A:
A>COPY *.* C:
A>C:
C>DIR
```

Nachdem wir mit DIR den Inhalt der Festplatte überprüft haben, stellen wir fest, daß die Dateien nicht im Verzeichnis DOS, sondern im Hauptverzeichnis vorhanden sind.

Wo liegt der Fehler?

Natürlich! Wir müssen mit dem COPY-Befehl genau den Weg beschreiben, den die Dateien »gehen« müssen, denn ohne die Angabe des Weges (Path) kopiert MS-DOS die Dateien immer in das aktuelle Verzeichnis, also immer an die Stelle, an der man sich momentan befindet.

Es muß also in das Verzeichnis DOS gewechselt werden. Dies geschieht mit dem Befehl CD (Change Directory).

```
C>CD DOS
C>COPY A:*.* C:
```

Ebenso ist es möglich, den Pfad anzugeben, also den Weg zu beschreiben, wohin DOS die Dateien kopieren soll.

```
C>COPY A:*.* C:\DOS
```

Der Weg wird durch die Trennung mit dem Backslash (\) angegeben. Einige Tasten der Tastatur sind dreifach belegt. Sie werden mit `Alt Gr` angesprochen. Der Backslash befindet sich meist als dreifachbelegtes Zeichen auf der <ß>-Taste. Ebenso kann das Zeichen mit `Alt`+`9` `2` erzeugt werden (`Alt` drücken, `9` `2` auf dem abgesetzten Cursor-Block drücken und die `Alt`-Taste loslassen).

Auf der Festplatte sollen nun weitere Unterverzeichnisse angelegt werden (s. Abb. 4.5).

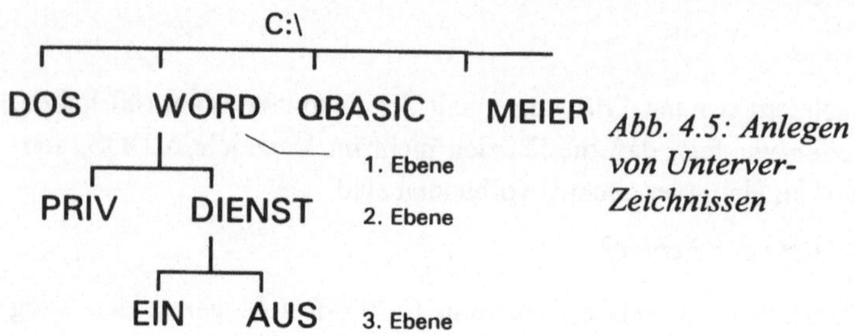

Abb. 4.5: Anlegen von Unterver-Zeichnissen

Aus dem Hauptverzeichnis werden erst einmal die Verzeichnisse der ersten Ebene angelegt.

```
C>CD\
C>MD DOS
C>MD WORD
C>MD QBASIC
C>MD MEIER
```

Danach wird in das Verzeichnis WORD gewechselt.

```
C>CD WORD
```

Jetzt können die Verzeichnisse PRIV und DIENST der zweiten Ebene angelegt werden.

```
C>MD PRIV
C>MD DIENST
```

Das Verzeichnis PRIV und DIENST kann auch aus dem Hauptverzeichnis erstellt werden. Dann muß aber wiederum der Pfad angegeben werden:

```
C>MD\WORD\PRIV
C>MD\WORD\DIENST
```

Nun wird in das Verzeichnis DIENST gewechselt, und die Verzeichnisse EIN und AUS können erstellt werden.

```
C>CD DIENST
C>MD EIN
C>MD AUS
```

Um eine Ebene höher zu kommen, d.h. wieder in die Ebene WORD zu gelangen, wird »Change Directory Punkt Punkt« eingegeben.

```
C>CD..
```

Mit CD Backslash kann aus jeder Ebene in das Hauptverzeichnis gewechselt werden.

```
C>CD\
```

Sie können aus jedem Verzeichnis in ein anderes Verzeichnis wechseln. Sie müssen dann aber immer über das Hauptverzeichnis gehen und den kompletten »Weg« angeben.

Beispiel:

```
C>CD\WORD\DIENST\AUS
C>CD\WORD\PRIV
```

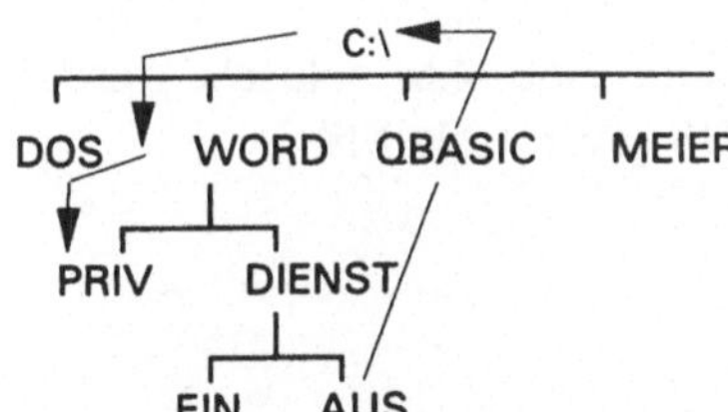

Abb. 4.6: »Gehe über das Hauptverzeichnis (\) in das Verzeichnis PRIV«.

Es sollen nun alle TXT-Dateien vom Laufwerk A in das Verzeichnis AUS kopiert werden.

```
C>A:
A>COPY *.TXT C:\WORD\DIENST\AUS
```

Hinweis:	Wie Sie selbst feststellen können, ist das zu tiefe Verschachteln von Verzeichnissen mit sehr viel Schreibarbeit verbunden. Der neue Befehl DOSKEY kann zwar »Tipparbeit« abnehmen, dennoch sollten die Verzeichnisnamen nicht zu lang sein. Ein Verzeichnisname darf aus maximal 8 Buchstaben, Zeichen und Ziffern bestehen. Gleichnamige Verzeichnisnamen in unterschiedlichen Ebenen stören sich nicht gegenseitig.

Zusammenfassung

Verzeichnisse werden mit MD Verzeichnisname angelegt. Verzeichnisnamen sollten eindeutig, aber nicht zu lang sein. Es sollte immer eine gleichlautende Syntax verwendet werden, z.B. TB für Turbo BASIC, QB für QuickBASIC, TP für Turbo Pacal usw. Versionsnummern können ebenso zur Kennzeichnung eines Produktes im Zusammenhang mit einem Verzeichnis verwendet werden, z.B. WORD5, QC25 (QuickC 2.5).

4.4.5 Löschen von Verzeichnissen

Ein Verzeichnis kann nur gelöscht werden, wenn in dem Verzeichnis keine Dateien und Unterverzeichnisse mehr vorhanden sind. Dies ist eine Schutzfunktion, um ein versehentliches Löschen von wichtigen Programmen und Dateien zu verhindern.

Es soll das Verzeichnis DIENST (s. Abb. 4.6) gelöscht werden. Dazu wird in das Verzeichnis AUS gewechselt. Mit

```
DEL *.*
```

werden alle Dateien gelöscht.

```
C>CD\WORD\DIENST\AUS
C>DEL *.*⏎
Alle Dateien im Verzeichnis werden gelöscht!
Sind Sie sicher (J/N)?J ⏎
```

Bestätigen Sie mit J ⏎. Nun wird in die Ebene DIENST gewechselt und mit RMDIR oder mit der Kurzfassung RD das Verzeichnis gelöscht.

```
C>CD..⏎
C>RD AUS ⏎
```

Ebenso werden die Dateien des Verzeichnisses EIN und das Verzeichnis selbst gelöscht.

```
C>CD EIN ⏎
C>DEL *.* ⏎
Alle Dateien im Verzeichnis werden gelöscht!
Sind Sie sicher (J/N)?J ⏎
```

```
C>CD..  ⏎
C>RD EIN  ⏎
```

Nun können ebenfalls die Dateien im Verzeichnis DIENST und
das Verzeichnis entfernt werden:

```
C>DEL *.*  ⏎
Alle Dateien im Verzeichnis werden gelöscht!
Sind Sie sicher (J/N)? J  ⏎
C>CD..  ⏎
C>RD DIENST  ⏎
```

Neu:　　　Mit dem Befehl DELTREE ist es möglich, ein Ver-
　　　　　　zeichnis mit allen Dateien und Unterverzeichnissen
　　　　　　zu löschen.

4.5 Baumstruktur mit TREE

Der TREE-Befehl hat ab der Version 5.0 an Bedeutung verloren,
da die Baumstruktur in der Shell im Fenster »Dateiverzeichnis«
angezeigt wird. Über VERZEICHNIS • ALLE EBENEN EINBLENDEN
kann sogar die gesamte Verschachtelung bis in die tiefste Ebene
gezeigt werden.

Der Verzeichnisbaum kann in einer Datei abgespeichert werden.
Mit dem Größerzeichen (>) werden die Daten in die Datei Datei-
name.EXT geschrieben.

```
C>TREE C:/F > INHALT.DOC
```

Es ist nun möglich, die Datei mit dem TYPE-Befehl am Bildschirm auszugeben.

```
C>TYPE INHALT.DOC
```

Die Datei kann nun auf dem Drucker (Druckerausgang 1=LPT1)
ausgedruckt werden.

```
C>COPY INHALT.DOC LPT1
```

4.6 BACKUP-Befehl

Der BACKUP-Befehl gehört ab der Version 6.0 nicht mehr zum Lieferumfang und wird durch das Programm MSBACKUP als DOS- oder Windows-Version ersetzt (s.a. Kapitel 12.3).

4.7 RESTORE-Befehl

Mit dem RESTORE-Befehl werden die Daten, die mit dem BACKUP-Befehl der Version 5.0 gesichert wurden, wieder zurückgegeben. Dies kann zum Beispiel notwendig sein, wenn die Daten nach einem »Head Crash« oder durch versehentliches Formatieren verlorengingen. Ein Head Crash entsteht, wenn die Schreib- und Leseköpfe zum Beispiel durch einen harten Schlag die Plattenoberfläche beschädigen.

Der RESTORE-Befehl hat folgende Syntax:

```
[L:Pfad] RESTORE Quelle Ziel [Schalter]
```

L:Pfad   Gibt das Laufwerk und den Pfad der Befehlsdatei an, falls dieser sich nicht im aktuellen Verzeichnis befindet oder kein Pfad gesetzt wurde.

Quelle   Quelle ist das Laufwerk, von dem die Dateien zurückkopiert werden sollen.

Ziel   Ziel ist das Laufwerk mit Pfad, wohin die Dateien kopiert werden sollen.

Schalter   Es sind folgende Schalter gültig:

/S   kopiert alle Dateien in die definierten Verzeichnisse zurück.

/P   fragt bei Dateien, die geändert worden sind, ob diese übertragen werden sollen. /B:mm.tt.jj kopiert alle Dateien zurück, die an oder vor dem Datum geändert wurden.

/A:mm.tt.jj   kopiert alle Dateien zurück, die an oder nach dem Datum geändert wurden.

/M   kopiert nur die Dateien zurück, die geändert wurden (Archiv-Bit).

/N   kopiert die Dateien zurück, die auf dem Ziellaufwerk nicht mehr existieren.

L:hh.mm.ss   kopiert die Dateien zurück, die nach der angegebenen Zeit geändert wurden.

/E:hh.mm.ss   kopiert die Dateien zurück, die vor der angegebenen Zeit geändert wurden.

/D   zeigt eine Liste derjenigen Dateien auf dem Bildschirm an, die zurückkopiert werden sollen, ohne jedoch die Dateien zurückzuspeichern. Obwohl keine Daten zum Ziellaufwerk kopiert werden, muß dennoch ein Ziel festgelegt sein.

Beispiel:

```
C>RESTORE B: C:
Sicherungsdiskette 01 in Laufwerk B: einlegen
Eine beliebige Taste drücken, um fortzusetzen
*** Dateien gesichert am 10.01.1993 ***
*** Dateien werden von Laufwerk B: wiederhergestellt ***
Diskette: 01
\CLEAR.EXE
\PARK.EXE
\P_ZEIT3.EXE
```

Beispiel:

```
C>BACKUP *.EXE B:/M
WARNUNG! Keine Dateien zum Sichern gefunden
```

4.8 FASTOPEN

Mit dem FASTOPEN-Befehl (ab der Version 3.3) ist es möglich, die Zugriffe auf die Disketten- oder Festplattenlaufwerke zu beschleunigen. FASTOPEN erzeugt eine speicherresidente Datei, in der die am häufigsten verwendeten Dateien abgelegt werden.

Soll MS-DOS eine Datei laden, dann werden zuerst das Hauptverzeichnis und die gesetzten Pfade durchsucht. Die entsprechende Datei wird geladen. Dieser Vorgang kann unter Umständen sehr lange dauern.

Mit FASTOPEN wird notiert, wo eine bestimmte Datei abgelegt ist. Soll eine bereits aufgerufene Datei wiederum geladen werden, braucht MS-DOS nicht mehr die Festplatte zu durchsuchen, sondern liest in der sogenannten Verzeichnispuffertabelle (Hash-Tabelle), wo sich die Datei befindet.

Syntax:

```
L:Pfad FASTOPEN L1:=Anzahl, Puffer L2:=Größe, An-
zahl  /X
```

L:Pfad   gibt an, wo sich der Befehl FASTOPEN befindet.

L1, L2   kennzeichnet die Laufwerke, die FASTOPEN verwalten soll.

Anzahl   beschreibt die maximale Anzahl der Verzeichnis- und Dateieinträge, die FASTOPEN verwalten soll. Gültig sind Angaben im Bereich von 10 bis 999. Der Standardwert beträgt 48.

Überprüfen Sie die Leistungsfähigkeit von FASTOPEN, indem Sie alle EXE-Dateien im aktuellen Verzeichnis listen. Danach installieren Sie FASTOPEN.

```
C>FASTOPEN C:=100
FASTOPEN installiert
```

Listen Sie wiederum alle EXE-Dateien, so werden Sie feststellen, daß MS-DOS wesentlich schneller die entsprechenden Dateien findet.

Mit FASTOPEN werden 48 Byte pro Eintrag reserviert. Mit FASTOPEN C:=100 werden somit 4,8 KByte Speicher belegt.

Mit dem Parameter /X können die Puffer im Expanded Memory abgelegt werden.

FASTOPEN kann auch mit INSTALL aus der Datei CON-FIG.SYS gestartet werden:

```
INSTALL = C:\DOS\FASTOPEN.EXE C:=100
```

Hinweis: FASTOPEN arbeitet nicht im Zusammenhang mit Netzwerklaufwerken. Es können bis zu 24 Festplattenpartitionen verwaltet werden. FASTOPEN kann nur einmal installiert werden. Soll der Parameter geändert werden, müssen Sie das System neu booten.

Achtung: FASTOPEN darf nicht aus der DOS-Shell gestartet werden, da sonst der Rechner abstürzen kann. Verwenden Sie kein Festplattenkomprimierungprogramm (z.B. COMPRESS von PC-Tools) im Zusammenhang mit FASTOPEN, da es zu Datenverlusten kommen kann!

4.9 JOIN

Mit dem Befehl JOIN ist es möglich, ein Laufwerk wie ein Verzeichnis eines anderen Laufwerks zu behandeln.

Syntax:

```
L:Pfad JOIN
L: Pfad JOIN L2 L1:Pfad
L:Pfad JOIN L2 /D
```

L:Pfad   gibt das Laufwerk und den Pfad der Befehlsdatei an.

L2   ist das Laufwerk, welches als Pseudo Unterverzeichnis behandelt werden soll.

L1:Pfad   ist das Laufwerk und das Unterverzeichnis, dem ein Laufwerk zugewiesen wird.

/D   löscht die gesetzte Zuweisung.

Der JOIN-Befehl wird im wesentlichen verwendet, wenn mit nur zwei Diskettenlaufwerken gearbeitet wird.

Sie können jedes Laufwerk in ein Verzeichnis umwandeln. Das Laufwerk B wird in C:\TEST2 umbenannt:

```
C>JOIN B: C:\TEST2
```

Wird das Laufwerk wie gewohnt angesprochen, erfolgt eine Fehlermeldung:

```
C>DIR B
Ungültige Laufwerksangabe
```

Die Daten vom Laufwerk B werden wie folgt gelistet:

```
C>DIR C:\TEST2
```

Mit JOIN ohne Parameter wird die aktuelle Einstellung ausgegeben:

```
C>JOIN
B: => C:\TEST2
```

Zurücksetzen der Einstellung mit dem Parameter /d. Das definierte Laufwerk muß angegeben werden:

```
C>JOIN B:/D
```

4.10 Suchpfade festlegen mit PATH

Für die Arbeit mit unterschiedlichen Produkten ist es oft sinnvoll, Dateien, die zusammengehören, auch in eigene Verzeichnisse abzulegen. Dennoch muß DOS und das Programm wissen, wo die Dateien sind, da zuerst nur das aktuelle Verzeichnis überprüft wird.

Desweiteren haben Sie sicherlich schon mal überlegt, daß es sinnvoll ist, auf wichtige Dateien wie XCOPY oder CHKDSK auch aus jedem Verzeichnis zugreifen zu können. Es kann dadurch die Angabe eines Pfades unterbleiben.

Mit dem Befehl PATH wird festgelegt, welche Verzeichnisse MS-DOS untersuchen muß, wenn die Datei im aktuellen Verzeichnis keinen Eintrag findet. Dies ist besonders wichtig, wenn eine Festplatte eingesetzt wird.

Syntax:

```
PATH d:\Pfad;[d:\Pfad;]
```

d   kennzeichnet das Ziellaufwerk für die Programmsuche,
         z.B. C: für das Festplattenlaufwerk.

Pfad   ist der definierte Pfad oder Verzeichnisname für die Su-
         che. Die Länge ist auf maximal 127 Zeichen begrenzt.

Beispiel:

```
PATH C:\DOS
```

Mit diesem Befehl, der sinnvollerweise in der AUTOEXEC.BAT
steht, wird das System angewiesen nicht nur im aktuellem Verzeichnis (Laufwerk) die definierte Datei zu suchen, sondern auch
im Verzeichnis C:\DOS. Erst wenn in beiden Verzeichnissen die
Datei nicht gefunden wurde, wird eine Fehlermeldung ausgegeben.

Soll ein weiteres Verzeichnis durchsucht werden, wird dieses
nachgestellt. Ebenso ist es möglich, eine RAM-Disk (s.a. Kapitel
8) als Pfad anzugeben.

Beispiel:

```
PATH C:\DOS;D:\SPIELE
```

Werden sehr viele Pfade gesetzt, dauert der Suchvorgang entsprechend lange. Der Pfad kann gelöscht werden, in dem man dem
Befehl PATH ein Semikolon nachstellt.

Beispiel:

```
PATH;
```

Sie können den gesetzten Pfad jederzeit mit der Angabe PATH
ohne Parameter überprüfen. Durch die automatische Installation
vieler Software-Pakete kann es vorkommen, daß ein Pfad doppelt
gesetzt wird.

Beispiel:

```
PATH C:\DOS;C:\BC7;C:\BC7\BIN;C:\DOS;
```

Hinweis: Der Pfad-Befehl kann nur im Zusammenhang mit
               COM-, EXE- oder BAT-Dateien eingesetzt werden.
               Sie werden auch in dieser Priorität geladen. Die so-
               genannten Overlay-Dateien oder Daten-Dateien müs-
               sen demnach im definierten Verzeichnis stehen, da
               das Hauptprogramm diese sonst nicht findet. Abhilfe
               schafft hier der APPEND-Befehl.

4.11 APPEND-Befehl

Mit dem APPEND-Befehl wird das System angewiesen auch nach
Dateien zu suchen, die nicht die Erweiterung EXE, COM oder
BAT haben.

Syntax:

```
APPEND [L1:Pfad] [;L2:Pfad;...] [/X] [/X:OFF|ON] [/e]
       [/PATH:ON|OFF];
```

L1:Pfad   definiert das Laufwerk und den entsprechenden
              Pfad, welcher ebenfalls durchsucht werden soll.

/X   schaltet die Verarbeitung der Suchmethoden
              »Search first«, »Find first« und »Exec« (für Pro-
              grammierer wichtig) ein. Es kommen der Interrupt
              INT 21H, Funktion 4Bh, 11h und 4Eh zur Anwen-
              dung.

/X:ON   bewirkt, daß der APPEND-Befehl zurückgesetzt
              wird. Das System sucht nun wiederum nur EXE-,
              COM- und BAT-Dateien.

/X:OFF   schaltet den APPEND-Befehl wieder ein. Es
              werden Dateien gesucht, die nicht mit der Er-
              weiterung EXE, COM oder BAT versehen sind.

/e   bewirkt, daß die definierten Verzeichnisse in der
              DOS-Umgebung gespeichert werden. Dieser Para-
              meter muß bei der ersten Anwendung von APPEND
              gesetzt werden.

/PATH:ON   bewirkt, daß Dateien mit Laufwerks- und/oder Pfadangaben bearbeitet werden sollen.

/PATH:OF
F   bewirkt, daß Dateien mit Laufwerks- und/oder Pfadangaben nicht bearbeitet werden sollen.

Hinweis: Mit der Angabe des Semikolons (;) werden alle Parameter zurückgesetzt. Der APPEND-Befehl kann auch im Netz verwendet werden. Er steht jedoch immer vor dem ASSIGN-Befehl.

Beispiel:

```
APPEND C:\ACAD\UTIL;A:\TEXTE
```

4.12 ASSIGN-Befehl

Mit dem ASSIGN-Befehl wird einem Laufwerk ein neuer Buchstabe zugewiesen. Dies kann notwendig sein, wenn ein Programm verwendet wird, welches nur Daten lesen und schreiben kann, wenn diese sich auf dem Laufwerk A oder B befinden.

Syntax:

```
ASSIGN X[:] = Y
ASSIGN /STATUS
```

X   steht für das Laufwerk, das MS-DOS gerade liest und beschreibt.

Y   steht für das Laufwerk, das nun von MS-DOS gelesen und beschrieben werden soll.

/STATUS   zeigt die derzeitige Laufwerkszuweisung. Die Abkürzung /s oder /sta ist gültig.

Beispiel:

```
ASSIGN A = C

ASSIGN A = C
C>assign a = b
C>assign /status
```

Zugriffe auf A: werden auf B: umgeleitet

Hinweis: Aus Kompatibilitätsgründen sollte nicht mehr der ASSIGN- sondern der neue SUBST-Befehl verwendet werden.

```
SUBST A: C:\
```

Dieser Befehl ist mit dem vorhergenannten ASSIGN-Befehl identisch. Es ist auch möglich, mehrere Laufwerke umzubenennen:

```
ASSIGN A=C B=C
```

Achtung: Der ASSIGN-Befehl sollte nicht verwendet werden mit den Befehlen: BACKUP, RESTORE, LABEL, JOIN, SUBST und PRINT, da diese Befehle eine Laufwerksangabe benötigen.

4.13 SET-Befehl

Mit SET wird einer Zeichenkette den Wert einer anderen Umgebung zugewiesen, damit sie an einer anderen Stelle verwendet werden kann.

Syntax:

```
SET Zeichenkette1 = Zeichenkette2
```

Die *Zeichenkette2* wird in der Variablen *Zeichenkette1* gespeichert und kann nun an einer anderen Stelle verwendet werden. Der SET-Befehl wird häufig im Zusammenhang mit dem PATH-Befehl benutzt.

```
PATH=C:\QC25\BIN;C:\PCTOOLS;C:\WORD5
SET LIB=C:\QC25\LIB
SET INCLUDE=C:\QC25\INC
SET 87 = false
```

Mit SET ohne Parameter werden die gesetzten Umgebungsvariablen gelistet, wie PATH, PROMPT, LASTDRIVE, COMSPECT.

Mit SET können ebenfalls Variablen erzeugt werden, wie die Variablen %1 bis %9 für den Einsatz in Stapeldateien. Die Variablen werden durch Prozentzeichen gekennzeichnet, z.B. %var%.

Wird die Fehlermeldung

```
Kein Speicherplatz mehr im Umgebungsbereich
```

ausgegeben, bedeutet das, daß der verfügbare Speicherbereich für die Umgebungsvariablen nicht ausreicht (weitere Informationen siehe COMMAND).

Lange Befehle können über SET abgekürzt und in einer Variablen abgespeichert werden. Mit

```
SET AB = C:\WORD5\*.TXT
```

wird der Befehl in *AB* gespeichert. Die Variable kann in einer Batch-Datei verwendet werden:

```
C>COPY CON XX.BAT
DIR %AB%
^Z
```

Weitere Informationen entnehmen Sie dem Kapitel 7 »Stapeldateien«.

4.14 SUBST-Befehl

Der SUBST-Befehl setzt eine Zeichenkette für einen Pfad ein.

Syntax:

```
SUBST [Laufwerk:Laufwerk:Pfad] [/D]
```

Der SUBST-Befehl ermöglicht, einen Pfad mit einem Laufwerkskennbuchstaben zu koppeln. Dieser Buchstabe definiert dann ein virtuelles Laufwerk. Damit ist es möglich, diesen Laufwerksbuchstaben auch in Befehlen zu verwenden.

Wenn MS-DOS einen Befehl antrifft, der ein virtuelles Laufwerk enthält, ersetzt es den Laufwerksbuchstaben mit einem Pfad und behandelt den neuen Laufwerkskennbuchstaben als gehöre er zu einem wirklichen Laufwerk.

Beispiel:

```
SUBST F: B:\QUICKB\PROG
```

Dieser Befehl setzt voraus, daß der Parameter LASTDRIVE=F gesetzt ist. Mit dem Parameter /d kann das virtuelle Laufwerk wieder gelöscht werden.

```
SUBST /d
```

Hinweis: Folgende Befehle können **nicht** im Zusammenhang mit SUBST oder JOIN verwendet werden: ASSIGN, BACKUP, CHKDSK, DISKCOPY, DISKCOMP, FDISK, FORMAT, LABEL, MIRROR, RECOVER, RESTORE, SYS.

4.15 SELECT-Befehl

Dieser Befehl war bis MS-DOS 4.0 notwendig, um MS-DOS auf einer Festplatte zu installieren. Ab MS-DOS wird dies über eine Installationsroutine durchgeführt.

4.16 VOL-Befehl

Der VOL-Befehl gibt die Datenträgerbezeichnung des Datenträgers und die Datenträgernummer an. Sie erhalten diese Informationen ebenfalls mit CHKDSK.

Syntax:

```
VOL [Laufwerk:]
```

Beispiel:

```
VOL A:
Datenträger im Laufwerk A ist TEXT10
Datenträgernummer: 1558-A199
```

4.17 EXIT-Befehl

Beendet die Funktion des COMMAND.COM-Programms und kehrt zur vorhergehenden Betriebssystemebene oder zum alten Programm zurück.

Syntax:

```
EXIT
```

Verlassen Sie ein Programm über »Shell« oder »Betriebssystem«,
, z.B. die DOS-Shell mit ⇧+F9, dann bleibt das Programm im
Speicher vorhanden. Mit EXIT verlassen Sie COMMAND.COM
und kehren zum Programm zurück.

Wird COMMAND.COM mit dem Parameter /p gestartet, hat
EXIT keine Funktion.

4.18 UNFORMAT

Mit dem Befehl UNFORMAT können versehentlich formatierte
Datenträger wiederhergestellt werden.

Syntax:

```
UNFORMAT Laufw:[/J] [/L] [/P] [/TEST] [/U]
UNFORMAT /PARTN [/L][/P]
```

Laufw: ist eine gültige Laufwerksangabe, für den Datenträger, der reorganisiert werden soll.

/J   legt fest, daß Dateien, die mit MIRROR gespeichert wurden, gesichert werden.

/L   listet alle Dateien und Verzeichnisse oder zeigt
die Partition, wenn der Parameter /PARTN verwendet wurde.

/P   schickt alle Informationen zum Drucker (LPT1).
Dieser Parameter sollte nicht gesetzt werden,
wenn mit MIRROR gearbeitet wird. Mit Strg+S
kann der Vorgang unterbrochen werden (Pause).

/TEST   zeigt die Dateien an, die gerettet werden können
ohne daß die Dateien tatsächlich gesichert werden.

/PARTN   restauriert die Partitionsinformationen. Dieser Parameter benötigt die Datei PARTNSAV.FIL, die
mit dem MIRROR-Befehl erzeugt wird.

| /U | wird verwendet, wenn der UNFORMAT-Befehl ohne MIRROR eingesetzt wird. UNFORMAT ist dann nicht in der Lage die Wiederherstellung komplett durchzuführen. |

5 Kopierbefehle

Die Kopierbefehle haben an Bedeutung verloren, da diese Arbeit viel bequemer aus der DOS-Shell erledigt werden kann. Dennoch sind alle Befehle mit zahlreichen Beispielen erläutert, da häufig auch Dateien vom DOS-Prompt verwaltet werden.

5.1 COPY-Befehl

Der COPY-Befehl wird verwendet, um Dateien von einem Datenträger zum anderen oder von einem Verzeichnis zum anderen zu kopieren. Die bereits bekannten Joker-Zeichen finden auch hier Verwendung. Fragmentierte Dateien werden nach dem Kopieren mit COPY auf dem Zieldatenträger physisch wieder hintereinander gesetzt.

Syntax:

```
COPY [/A | /B] Quelle Ziel [/V]
```

/A   weist auf eine ASCII-Datei hin.

/B   weist auf eine Binärdatei hin.

Quelle   sind die Quelldateien.

Ziel   ist die Zieldatei.

/V   steht für Verify ON. Damit wird überprüft, ob die Dateien richtig kopiert wurden.

Beispiel: Aus dem Verzeichnis DOS werden zum Beispiel alle Dateien, die mit DISK beginnen, zum Laufwerk A: kopiert:

```
C:\DOS>COPY DISK*.* A:
DISKCOMP.COM
DISKCOPY.COM
        2 Datei(en) kopiert
```

Bitte beachten Sie genau die Eingabe der Syntax:

COPY Leertaste DISK*.* Leertaste A:

Mit

```
A:\>COPY *.* C:
DISKCOMP.COM
DISKCOPY.COM
        2 Datei(en) kopiert
```

werden alle Dateien vom Laufwerk A in das aktuelle Verzeichnis des Laufwerks C kopiert. Der Rechner gibt an, welche Dateien kopiert wurden und gibt die Anzahl der Dateien aus.

Mit

```
A:\>COPY *.* C:\TEST /v
```

werden alle Dateien vom Laufwerk A in das Verzeichnis TEST kopiert. Der Parameter /v steht für VERIFY ON. Dieser Befehl kontrolliert die richtige Datenübertragung. Dies hat den Nachteil, daß das Kopieren wesentlich länger dauert.

Mit

```
A:\>VERIFY
VERIFY ist ausgeschaltet (OFF)
```

kann überprüft werden, ob VERIFY ON oder OFF geschaltet ist. Wird der Parameter ON übergeben, ist VERIFY auf ON geschaltet. OFF schaltet demnach VERIFY wieder aus.

Mit VERIFY ON werden z.B. 56 Dateien mit ca. 360 KByte in 2 Minuten 21 Sekunden kopiert. Ist VERIFY auf OFF geschaltet, werden dieselben Dateien in 1 Minute 16 Sekunden kopiert (1.8 mal schneller).

Mit COPY CON (CON=Console) kann eine Datei direkt über die Tastatur erzeugt werden. Die Datei wird durch [Strg]+[Z] oder [F6] abgeschlossen. Kleine Batch-Dateien können so direkt eingegeben werden:

```
C:\>COPY CON TEST.BAT
COPY *.* A:
^Z
        1 Datei(en) kopiert
```

Dateien können mit dem COPY-Befehl auch verkettet werden:

```
C:\>COPY TEST.BAT+TEST.TXT NEUDATEI.TXT
TEST.BAT
TEST.TXT
        1 Datei(en) kopiert
```

Die Datei TEST.BAT und TEST.TXT werden zusammen zur neuen Datei NEUDATEI.TXT.

5.2 DISKCOPY

Mit dem Befehl DISKCOPY wird eine Diskette direkt »Eins zu Eins« kopiert. Dies hat den Vorteil, daß die Informationen spurenweise übertragen werden und die gesamte Struktur mit allen Verzeichnissen und Unterverzeichnissen kopiert wird.

Syntax:

```
DISKCOPY L1: L2: [/1] [/V]
```
L1: L2:   Angabe der Laufwerke.

/1   kopiert nur die erste Seite der Diskette.

/V   überprüft, ob die Daten richtig kopiert wurden.

Der Nachteil von DISKCOPY ist, daß auch zerstörte oder fragmentierte Daten übertragen werden.

MS-DOS kopiert die Daten sequentiell, also hintereinander. Wird nun eine Datei gelöscht, entsteht ein »Loch«, das beim nächsten Speicherungsvorgang wieder geschlossen wird. Paßt das neue Programm nicht in das alte Loch, wird die Datei zerstückelt (man spricht in diesem Zusammenhang von Fragmentierung der Festplatte). MS-DOS muß sich nun merken, wo sich die Teile der Datei befinden. Dadurch wird besonders das Laden großer Programme verlangsamt, so daß eine Festplatte von Zeit zu Zeit »getunt« werden sollte.

Neu: Die Festplatte kann mit dem Defragmentierungs-Pro-
             gramm neu organisiert werden. Mit DEFRAG wird
             ein optimierter Zugriff auf die Festplatte ermöglicht!

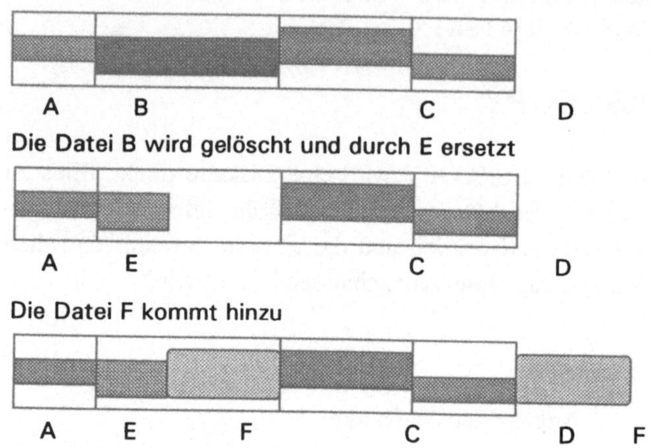

Abb. 5.1: Dateiorganisation auf einem Datenträger

Mit DISKCOPY werden ebenfalls unsichtbare (hidden) und System-Dateien übertragen. Eine nicht formatierte Diskette wird
automatisch vor dem Übertragen der Spuren und Sektoren formatiert.

Der DISKCOPY Befehl hat folgende Syntax, wenn das Laufwerk
A das aktuelle Laufwerk ist.

Befehl	von	nach
DISKCOPY	A	A
DISKCOPY A:	A	A
DISKCOPY B:	B	A
DISKCOPY A: B:	A	B
DISKCOPY B: A:	B	A

Ab der Version 4.0 vergibt MS-DOS jeder Diskette eine Serien-
nummer. Dies passiert auch beim Kopieren mit DISKCOPY,
nachdem die Diskette formatiert wurde.

Beispiel:

```
C:\DOS>DISKCOPY A: A:
Quelldiskette in Laufwerk A: einlegen
Eine beliebige Taste drücken, um fortzusetzen
Kopiert werden 40 Spuren
mit 9 Sektoren je Spur, 2 Seite(n)
Zieldiskette in Laufwerk A: einlegen
Eine beliebige Taste drücken, um fortzusetzen
Datenträgernummer: 1901-372E
Eine weitere Diskette kopieren (J/N)? J
```

Mit dem DISKCOPY-Befehl können nur Laufwerke gleichen
Typs angesprochen werden, z.B. Laufwerk A (360 KByte) und B
(360 KByte). Es ist nicht möglich, z.B. eine Diskette mit dem
Format 3 ½ Zoll auf das Format 5 ¼ Zoll zu kopieren.

5.3 XCOPY

Der XCOPY-Befehl ist wesentlich leistungsfähiger als der COPY-
Befehl. Er erleichtert das Kopieren von mehreren Dateien und ist
meist schneller als der COPY-Befehl.

Syntax:

```
XCOPY Quelldatei(en) Zieldateien(en) (/Schalter)
```

Die Quell- und Zieldateien werden ebenso verwendet wie beim
COPY-Befehl. Die Jokerzeichen Sternchen (*) und Fragezeichen
(?) sind ebenfalls gültig.

```
C:\DOS>XCOPY DIS*.* A:
Einlesen der Quelldatei(en)...
DISPLAY.SYS
DISKCOMP.COM
DISKCOPY.COM
 3 Datei(en) kopiert
```

Ein wesentlicher Unterschied zwischen COPY und XCOPY ist,
daß XCOPY so viele Dateien wie möglich in den RAM-Speicher
liest und dann erst kopiert. Dadurch wird das zeitraubende Ansteuern der Laufwerke minimiert. COPY kopiert dagegen die Da-

teien einzeln. Mit XCOPY ist es möglich, mehrere Parameter zu
setzen.

/S-Schalter

Mit dem Parameter /S (Search) werden die Dateien selektiv kopiert. So ist es z.B. möglich, alle Dateien des Verzeichnisses und
die der Unterverzeichnisse mit einem Befehl zu kopieren.

/W-Schalter

Mit dem Parameter /W (Wait) wartet XCOPY auf einen Tastendruck, bevor kopiert wird.

/E-Schalter

Mit dem Parameter /E werden alle Unterverzeichnisse mitkopiert,
auch wenn sie leer sind. Dieser Schalter muß zusammen mit dem
/S-Schalter verwendet werden.

```
C:\DOS>XCOPY T*.* A:/S
```

Da auf dem Datenträger A zum Beispiel die Verzeichnisse TEST
und EBENE3 nicht vorhanden waren, werden sie von XCOPY automatisch angelegt.

/P-Schalter

Mit dem /P-Schalter (Pause) fragt MS-DOS bei jeder Datei nach,
ob diese kopiert werden soll.

Beispiel: Es sollen alle Dateien, die mit T beginnen nach A:
kopiert   werden.   Die   Dateien   TREE.COM,
TEST1.TXT und TEST2.TXT sollen diesmal nicht
übertragen werden.

```
C:\DOS>XCOPY T*.* A:/S/P
TREE.COM (J/N)?N
TEST\TEST1.TXT (J/N)?N
TEST\TEST2.TXT (J/N)?N
TEST\EBENE3\TEST4.TXT (J/N)?J
TEST\EBENE3\TEXT3.TXT (J/N)?J
 2 Datei(en) kopiert
```

Wie Sie an dem Beispiel sehen, können auch mehrere Schalter verwendet werden.

/D-Schalter

Mit dem /D-Schalter ist es möglich, Dateien zu kopieren, die an oder nach einem bestimmten Datum erstellt wurden.

Der Schalter wird in der Form

```
/d:MM/TT/JJ
```

verwendet. In der deutschen Version wird die Form /d:TT.MM.JJ akzeptiert.

```
C:\DOS>XCOPY *.* A:/D:11.01.93
 0 Datei(en) kopiert
```

Bei diesem Beispiel hat DOS keine Datei gefunden, die am 11.01.93 oder später erstellt wurde.

Sind jedoch Dateien in einem anderen Verzeichnis vorhanden, werden sie mit dem Parameter /s gesucht und dann kopiert.

```
C:\DOS>XCOPY *.* A:/D:11.01.93
```

Alle Schalter im Überblick

Es gibt noch zahlreiche weitere Schalter. Hier alle Schalter im Überblick:

Schalter	Beschreibung
/S	Dateien werden selektiert gesucht (Serach).
/W	XCOPY wartet auf einen Tastendruck bevor kopiert wird (WAIT).
/E	Unterverzeichnisse werden mitkopiert.

Schalter	Beschreibung
/P	MS-DOS fragt bei jedem Kopiervorgang, ob kopiert werden soll
/D	Es werden nur Dateien ab einem bestimmten Datum kopiert.
/A	Die Dateien werden kopiert, ohne das Archiv-Bit zu verändern.
/V	VERIFY ON. Es wird eine zusätzlich Überprüfung beim Kopiervorgang durchgeführt.

5.4 REPLACE

Der REPLACE-Befehl ist ein erweiterter COPY-Befehl. Bei alten DOS-Versionen wurde er verwendet, um alte DOS-Programme auszutauschen, da diese meist nicht kompatibel zur neuen Version waren. Ab der Version 5.0 ist dies nicht mehr notwendig, da SETUP automatisch die alten Dateien ersetzt und diese im Verzeichnis OLD_DOS.1 ablegt.

Syntax:

```
REPLACE Quelle Ziel Schalter
```

Folgende Schalter sind gültig:

Schalter	Beschreibung
/A	ermöglicht, Dateien zum Zielverzeichnis hinzuzufügen. Diese Option kann nicht mit /S oder /U verwendet werden.
/R	überschreibt die Schreib-/Lese-Attribute einer Nur-Lese-Datei.
/S	ersetzt nur bereits bestehende Dateien und fügt keine neue Datei hinzu. Diese Option kann nicht mit /A verwendet werden.

Schalter	Beschreibung
/P	weist DOS an, zu fragen, ob die Datei kopiert werden soll.
/W	ermöglicht, zu Beginn des Kopiervorgangs eine neue Diskette einzulegen.
/U	ersetzt nur Dateien, die älter als die Quelldateien sind. Diese Option kann nicht mit /A verwendet werden.

Es ist auch möglich, mehrere Schalter zu setzen!

5.5 RECOVER

Mit dem RECOVER-Befehl ist es möglich, eine oder mehrere
Dateien wiederherzustellen. Wird eine Datei teilweise zerstört
oder der Datenträger beschädigt, so kann mit RECOVER die Datei oder auch der gesamte Datenträger gelesen werden, und zwar
Cluster für Cluster, wobei die beschädigten Stellen übersprungen
werden. Es fehlen dann zwar die Daten aus dem beschädigten
Sektor (512 Byte), die Datei kann aber wieder gelesen und wei-
terverarbeitet werden.

Ist die Dateizuordnungstabelle zerstört, kann auch RECOVER die
Dateien nicht mehr finden und übertragen.

```
A:\>RECOVER D_COVER.TXT
Zur Wiederherstellung der Dateien(en) auf
Laufwerk B: eine beliebige Taste drücken
2048 of 2048 Byte wiederhergestellt
```

Die Wiederherstellung aller Dateien eines Datenträgers wird notwendig, wenn das Verzeichnis beschädigt wurde.

```
A:\>REVOCER A:
Das gesamte Laufwerk wird wiederhergestellt und
die bestehende, aktuelle Verzeichnisstruktur zerstört werden!
Sind Sie sicher (J/N)?
Zur Wiederherstellung der Dateien(en) auf
Laufwerk B: eine beliebige Taste drücken
2 Dateien(en) wiederhergestellt
```

Die Dateien werden wiederhergestellt und mit FILEnr.REC durch-
numeriert, z.B.:

```
FILE0001.REC
FILE0002.REC
```

6 Dateiverwaltung

Die Dateiverwaltung kann auch aus der DOS-Shell erfolgen. Dennoch werden Sie sehr oft auch direkt mit den Befehlen DEL, TYPE usw. umgehen.

6.1 DEL

Mit dem DEL-Befehl werden Dateien auf dem Datenträger gelöscht. Die schon bekannten Jokerzeichen (*, ?) sind im Umgang mit den Dateien eine große Hilfe.

Syntax:

```
DEL NAME.EXT /P
```

/P legt fest, daß vor dem Löschen der Datei eine Abfrage erfolgt.

Bei der Vergabe von Dateinamen kann man keine allgemeingültige Empfehlung abgeben. Jeder DOS-Nutzer wird nach einer gewissen Zeit seine eigene Terminologie finden, um seine Dateien mit maximal 8 Zeichen so treffend wie möglich zu beschreiben.

Beispiele:

Dateiname	Beschreibung
BR_VIE1.TXT	Brief an den Vieweg-Verlag
VIE_REC1.TXT	Rechnung an den Vieweg-Verlag
DV270393.MT	Prüfung vom 27.03.93 Datenverarbeitung Maschinentechnik
AB1703.93	Abrechnung vom 17.03.93
6_FESTPL.TXT	Kapitel »Festplattenverwaltung« vom DOS 6.0-Buch

Bei der Vergabe der Dateinamen sollten einige Punkte beachtet werden:

⇒ Der Dateiname sollte so viel wie möglich über den Inhalt aussagen.

⇒ Die Erweiterung (Suffix, Extension) kann verwendet werden, wenn sie nicht durch Standard-Erweiterungen wie (BAS, TXT usw.) belegt ist.

⇒ Dateien, die zusammengehören, sollten auch als solche gekennzeichnet werden. Zum Beispiel beginnen alle Text-Dateien des DOS 6.0-Buches mit D6_. Man spricht in diesem Zusammenhang auch von Dateigruppen.

Werden diese Punkte beachtet, kann man sehr leicht wieder Ordnung und Platz auf der Festplatte allein durch den Einsatz der Joker-Zeichen schaffen.

Der Parameter /P bewirkt eine Abfrage vor dem Löschen.

```
C> Del *.* /P
C:\TEST\START.BAT, Löschen(J/N)?
C:\TEST\T2.TXT, Löschen (J/N)?
```

Beispiel: Die Dateien des DOS 6.0-Buches werden von der Festplatte auf Diskette kopiert und danach gelöscht.

```
C:\WORD5>COPY D_*.TXT A:
 D_INSTAL.TXT
 D_INHALT.TXT
 2 Datei(en) kopiert
C:\WORD5>DEL D_*.TXT
```

Mit DEL können keine Dateien gelöscht werden, die schreibgeschützt (read-only) oder versteckt (hidden) sind. Wollen Sie diese Dateien löschen, so muß erst das entsprechende Datei-Bit mittels DOS-Shell oder ATTRIB geändert werden (s. Kapitel »Die DOS-Shell«).

Achtung: Dateien, die mit DEL gelöscht wurden, sind *nicht* physikalisch vom Datenträger entfernt worden. MS-DOS hat lediglich den Eintrag im Verzeichnis gelöscht. Beim neuerlichen Speichern von Daten steht dieser Platz wieder zur Verfügung. Versehentlich gelöschte Dateien können demnach wiederhergestellt werden, wenn sie nicht durch andere Dateien überschrieben wurden.

Überlassen Sie einem Geschäftspartner ein Programm oder eine Text-Datei, so sollten Sie dafür nicht einen mit DEL *.* gelöschten Datenträger verwenden. Firmenkorrespondenz oder andere Daten könnten so unbeabsichtigt in falsche Hände geraten. Löschen Sie diesen Datenträger immer physikalisch mit dem FORMAT-Befehl!

Mit

```
DEL *.*
```

wird der gesamte Datenträger oder werden alle Daten des aktuellen Verzeichnisses gelöscht. Es erfolgt eine Sicherheitsabfrage:

```
A>DEL *.*
Alle Dateien im Verzeichnis werden gelöscht!
Sind Sie sicher (J/N)
```

Seien Sie besonders vorsichtig mit dieser Form der Dateienlöschung. Eine Sekunde Unachtsamkeit kann ein »nervtötendes Restaurieren« der Festplatte zur Folge haben (s. Kapitel 12 UNDELETE).

Achtung: Mit dem nachfolgendem Beispiel soll der **Datenverlust** auf einer Festplatte demonstriert werden.

Mit DIR A: wird das Verzeichnis der Diskette A überprüft.

```
C>DIR A:
```

Da auf dieser Diskette nur unwichtige Dateien sind, können Sie
mit

```
C>DEL *.*
```

gelöscht werden.

Achtung: Es werde versehentlich *nicht* die Dateien auf dem
Datenträger im Laufwerk A gelöscht, sondern das
gesamte Hauptverzeichnis oder die Dateien des aktuellen Verzeichnisses auf der Festplatte.

Die Dateien müssen nun unverzüglich mit UNDE-
LETE gerettet werden. Speichern Sie eine Datei, so
können die Dateien unter Umständen nicht mehr gerettet werden (s.a. UNDELETE).

Mit ERASE können die Dateien ebenso gelöscht werden. Die Befehle ERASE und DEL sind identisch.

6.2 REN

Mit dem REN- oder RENAME-Befehl können Dateien umbenannt werden. Auch hier sind die Jokerzeichen nützlich.

Syntax:

```
REN AltName NeuName
```

Beispiel:

```
A:\>REN D_*.TXT DOS_*.TXT
```

Ist der neue Dateiname bereits vergeben, wird eine Fehlermeldung
ausgegeben:

```
A:\>REN DOS_STAL.TXT DOS_HALT.TXT
Doppelt vorhandener Dateiname oder Datei nicht gefunden
```

6.3 TYPE

Mit dem TYPE-Befehl können Dateien auf dem Bildschirm aus-
gegegeben werden.

Syntax:

```
TYPE Dateiname
```

Dies setzt natürlich voraus, daß die Datei aus reinen ASCII-Zeichen besteht, z.B. eine Batch-Datei, Text-Datei ohne Steuerzei-
chen, BASIC-Datei, die nicht in binärer Form abgespeichert
wurde.

Mit [Strg]+[S] oder der [Pause]-Taste kann die Bildschirmausgabe unterbrochen werden. Nach Tastendruck wird die Datei weiter ausgegeben.

Wird zum Beispiel versucht, mit TYPE in eine COM- oder EXE-
Datei hineinzuschauen, so werden hübsche Zeichen gedruckt, die
meist als ASCII-Code im Bereich 1 bis 30 und größer 123 liegen.

Mit dem Zeichen (>) wird die Datei zum Drucker umgeleitet. Ist
der Drucker nicht bereit, wird eine entsprechende Meldung ausgegeben:

```
C:\>TYPE WORD.BAT > LPT1
Schreibstörung beim Schreiben auf Gerät LPT1
(A)bbrechen, (W)iederholen, (I)gnorieren, (U)ebergehen
```

6.4 FIND

Mit dem FIND-Befehl können Sie in einer oder mehreren Dateien
eine definierte Zeichenfolge suchen.

Syntax:

```
FIND [/V] [/C] [/N] [/I] »Zeichenfolge« [[Laufw:]
     [Pfad] Dateiname ...]
```

/V   zeigt alle Zeilen an, welche die gesuchte Zeichenfolge *nicht* enthalten.

/C   zeigt nur die Anzahl der Zeilen an, in der die Zei-
            chenfolge enthalten ist.

/n   schreibt vor jeder Zeile eine Zeilennummer.

/i   legt fest, daß bei der Suche die Groß- und Klein-
            schreibung ignoriert wird.

Dateiname ist ein gültiger MS-DOS Dateiname. Platzhalter
           wie * und ? dürfen nicht verwendet werden.

Übung: Wir suchen in der Datei AUTOEXEC.BAT das Wort
             »DOS«. Danach soll mit dem Parameter /n die Zei-
             lennummer gelistet werden. Dann sollen alle Zeilen
             gelistet werden, in denen das Wort »DOS« *nicht* ent-
             halten ist.

1. Das Wort »DOS« suchen:

```
C>FIND "DOS" AUTOEXEC.BAT
---------- AUTOEXEC.BAT
C:\DOS\keyb gr ,,c:\dos\keyboard.sys
rem C:\DOS\doskey
```

2. Nun soll mit dem Parameter /n die Zeilennummer gelistet werden.

```
C>find /n »dos« autoexec.bat
---------- AUTOEXEC.BAT
[6]C:\DOS\keyb gr ,,c:\dos\keyboard.sys
[10]rem C:\DOS\doskey
```

3. Nun werden alle Zeilen gelistet, in denen das Wort »DOS«
nicht enthalten ist:

```
C>FIND /V "DOS" AUTOEXEC.BAT
---------- AUTOEXEC.BAT
rem c:\franke\387 53 i
rem SENTRY
@echo off
rem Festplatten-Cache ausschalten für Windows
rem PC-CACHE
```

Weitere Informationen über Batch-Dateien entnehmen Sie dem
Kapitel »Stapeldateien«.

6.5 PRINT

Mit dem PRINT-Befehl ist es möglich, Dateien im Hintergrund auszudrucken. Man spricht in diesem Zusammenhang auch von einem sogenannten Druckerspooler. Diese Spooler sind meist als SHAREWARE-Software erhältlich und werden benutzt, um Dateien im RAM zu speichern und von dort aus zum Drucker zu senden.

Syntax:

```
PRINT [/D:Gerät] [/B:Größe] [/U:Takte1] [/M:Takte2]
[/S:Takte3] [Q:WGröße] [/C] [/T] [/P] [Dateispez]
```

Die Parameter bestehen aus einigen optionalen Schaltern. Folgende Schalter sind möglich:

/D: Gerät   legt das Ausgabegerät fest (PRN, LPT1, LPT2, COM1 usw. /D muß immer als erster Schalter gesetzt sein. Standardwert ist PRN.

/B:Puffer   gibt die Puffergröße in Byte an. Als Vorgabeeinstellung sind 512 Byte definiert. Höchstwert ist 16384 Byte.

/U:Takte1   legt die Anzahl der Impulse fest, die der Drucker wartet, wenn noch Daten vom Drucker verarbeitet werden (ca. 18 Takte je Sekunde). Je höher der Wert ist, um so langsamer wird das System. Zulässige Werte liegen im BEREICH 1 bis 255. Der Standardwert beträgt 1.

/M:Takte2   setzt die Anzahl der Takte fest, die zur Verfügung stehen, um ein Zeichen auf dem Drucker auszugeben. Zulässige Werte liegen im Bereich 1 bis 255. Der Standardwert beträgt 8. Wird ein Zeichen zu langsam gedruckt, zeigt MS-DOS eine Fehlermeldung an.

/S:Takte3   legt die Anzahl der Zeitscheiben fest. Zulässige
              Werte liegen im Bereich von 1 bis 255. Die Stan-
              dardeingabe ist 8. Durch Erhöhung des Wertes
              kann der Druckvorgang beschleunigt werden.

/Q:WGröße   legt die Anzahl der zulässigen Dateien in der War-
              teschlange fest. Der Mindestwert beträgt 4. Maxi-
              mal 32 sind erlaubt, wobei der Standardwert 10 be-
              trägt. Die Änderung des Standardwertes wird ohne
              Dateinamen eingegeben: PRINT /Q:32

Die folgenden Schalter sind optional und haben keine Voreinstel-
lung. Sie werden für die Verwaltung der Warteschlange verwendet.

/C   löscht den eingegebenen Dateinamen und alle fol-
              genden Dateien aus der Warteschlange. Es muß ein
              Dateiname vor dem Parameter /c angegeben wer-
              den.

/t   löscht alle Dateien aus der Warteschlange.

/p   stellt den Druckermodus ein und fügt den vorherge-
              henden und alle nachstehenden Dateinamen in die
              Druckerwarteschlange. Es muß ein Dateiname vor
              dem Parameter /p angegeben werden.

Ein Drucker, der meist nur wenige KByte RAM-Speicher hat,
wird mit den Daten aus dem RAM-Speicher des Rechners ver-
sorgt. Der Computer ist somit durch den Druck-Vorgang nicht
blockiert.

Drucker-Spooler arbeiten in einer Art Multitasking. Das bedeutet,
daß mehrere Tasks (Aufgaben) gleichzeitig bearbeitet werden.
Streng genommen werden die Jobs jedoch nicht gleichzeitig bearbeitet, sondern in rascher Folge hintereinander. Da aber der Rechner mit einer Textverarbeitung kaum »belastet« ist, hat er genügend Zeit, sich um die anderen Aufgaben zu kümmern (s. Abb.
6.1).

MS-DOS ist nur in der Lage, mit dem PRINT-Befehl eine Art Multitasking durchzuführen. Echtes Multitasking ist nur im Zusammenhang mit WINDOWS ab der Version 3.0 möglich.

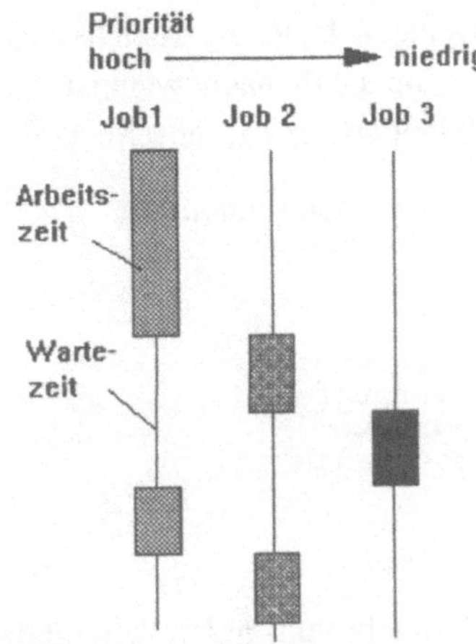

Abb. 6.1: Multitasking

Komfortable Textverarbeitungsprogramme wie WORD und WordPerfect starten ihre Drucker-Jobs aus sogenannten Warteschleifen (auch Warteschlangen genannt). Die Texteingabe wird für wenige Sekunden unterbrochen, in denen weitere Zeichen an den Drucker geschickt werden.

Aufgabe: Um den Unterschied zwischen PRINT und COPY LPT1 deutlich zu machen, sollen Sie zunächst alle Batch-Dateien des Hauptverzeichnisses zum Drucker kopieren, dann wird der PRINT-Befehl verwendet. Testen Sie den Unterschied mittels Stoppuhr!

```
C:\>COPY *.BAT LPT1
BC.BAT
PB.BAT
START.BAT
QUIT.BAT
 1 Datei(en) kopiert
```

Der Rechner schickt alle Dateien zum Drucker und ist nach wenigen Sekunden wieder einsatzbereit.

```
C:\>PRINT *.BAT
 C:\POWER.BAT wird gerade gedruckt
```

Es ist kaum ein Unterschied festzustellen. Das liegt im wesentlichen daran, daß mit COPY die wenigen Byte im Speicher des Druckers abgelegt werden. Somit kann DOS nach wenigen Sekunden der Datenübertragung die Arbeit erfolgreich abschließen.

Mit dem Aufruf von PRINT ohne Parameter kann die Warteschlange abgefragt werden:

```
C:\>PRINT
Ausgabegerät ist eventuell ausgeschaltet
oder nicht 'ONLINE'. Bitte überprüfen
 C:\POWER.BAT wird gerade gedruckt
 C:\BC7.BAT ist in der Warteschlange

C:\>PRINT
Die Druckerwarteschlange ist leer
```

Aufgabe: Testen Sie den PRINT-Befehl nun, indem Sie einige große Dateien an den Drucker übergeben.

```
C>COPY BAS4-ASC.TXT LPT1
```

Nun ist der Rechner vermutlich lange Zeit besetzt, da der Drucker evtl nur 4 KByte Puffer hat. Erst wenn die letzten 4 KByte der Datei im Drucker abgelegt sind, meldet sich DOS zurück.

```
C>PRINT BAS4-ASC.TXT
 C:\WORD BAS4-ASC.TXT wird gerade gedruckt
```

Verwenden Sie jedoch PRINT, dann meldet sich der Rechner nach Bruchteilen von Sekunden zurück. Der Druckerjob wird im Hintergrund ausgeführt.

Beispiele:

```
C>PRINT D_COVER.TXT /C BAS4.TXT /P
C>PRINT /D:LPT1
C>PRINT A:TEST.ASC /C
```

Achtung: Vorsicht bei der Verwendung von residenten Programmen im Zusammenhang mit PRINT. Da PRINT Speicher benötigt, um die definierten Programme abzulegen, kann es sein, daß Teile des Speichers, in dem sich residente Programme befinden, überschrieben werden. Dies kann zu einem Absturz des im Hintergrund abgelegten Programms führen (z.B. mit SideKick).

6.6 ATTRIB

Mit dem ATTRIB-Befehl ist es möglich, das Datei-Attribut zu ändern. Dies ist zum Beispiel notwendig, um Dateien »read-only« (schreibgeschützt) oder »hidden« (versteckt) zu machen.

Syntax:

```
ATTRIB [+R | -R] [+A | -A] [+S | -S] [+H | -H]
       NAME /S
```

+R   Mit dem Parameter +R wird die Datei schreibgeschützt (read-only). Es ist nicht möglich, die Datei mit DEL oder ERASE zu löschen oder mit COPY zu überschreiben. Der Schreibschutz muß erst mit dem Parameter -R entfernt werden.

-R   entfernt den Schreibschutz.

+A   Mit dem Parameter +A wird das Archivierungsbit der angegebenen Datei gesetzt (siehe auch XCOPY).

-A   hebt das Archivierungsbit wieder auf.

-S +S   setzt oder löscht das Attribut Systemdatei.

-H +H   setzt oder löscht das Attribut »versteckt« (hidden).

Name   Mit *Name* wird die Datei oder werden die Dateien mit Pfad angegeben, die geändert werden sollen. Jokerzeichen (*, ?), auch Wildcards genannt, sind ebenfalls gültig.

/S   bewirkt eine Änderung aller Attribute im defi-
                    nierten Verzeichnis.

Hinweis: Der Befehl ATTRIB hat an Bedeutung verloren, da
                    die Attribute wesentlich eleganter aus der DOS-
                    Shell geändert werden können.

6.7 COMP

Mit dem COMP-Befehl können Dateien überprüft werden, ob sie
identisch sind. Werden ganze Datenträger überprüft, wird der Befehl DISKCOMP verwendet.

Syntax:

```
COMP Datei1 Datei2 [/D] [/A] [/L] [/N=xxx] [/C]
```

Es sind folgende Schalter gültig:

/D   druckt die Unterschiede im Dezimalformat aus.

/A   druckt die Unterschiede im ASCII-Format aus.

/L   überprüft die Dateien und gibt die Zeilennummer
                    aus, ab der ein Unterschied festgestellt wurde.

/n:xxx   überprüft nur die ersten xxx Zeilen.

/C   überprüft die Dateien, ohne Groß- und Klein-
                    schreibung zu berücksichtigen.

Es sollen die beiden Dateien TEST.TXT und TEST2.TXT verglichen werden.

```
B>COMP TEST.TXT TEST2.TXT
Vergleiche TEST.TXT und TEST2.TXT
Dateien identisch
Weitere Dateien vergleichen (J/N)? N
```

Mit

```
COMP A:*.* B:*.*
```

werden alle gleichnamigen Dateien vom Laufwerk A mit denen
vom Laufwerk B verglichen.

6.8 DISKCOMP

Mit dem Befehl DISKCOMP wird die Identität zweier Datenträger überprüft. Dies ist zum Beispiel sinnvoll, wenn eine Diskette mit DISKCOPY dupliziert wurde und man sichergehen will, daß die Sicherungskopie identisch mit dem Original ist.

Syntax:

```
DISKCOMP L1: L2 /1 /8
```

/1   Mit diesem Schalter werden einseitige Disketten überprüft.

/8   Mit diesem Schalter werden nur die ersten 8 Sektoren jeder Spur verglichen, auch wenn es sich bei dem Datenträger um eine Diskette mit 9 oder 15 Spuren handelt.

```
C:\>DISKCOMP A: A:
ERSTE Diskette in Laufwerk A: einlegen
Eine beliebige Taste drücken, um fortzusetzen
Nicht bereit - A:
Überprüfen, ob eine Diskette im Laufwerk liegt und
die Verriegelung geschlossen ist
Eine beliebige Taste drücken, um fortzusetzen
Verglichen werden 40 Spuren
mit 9 Sektoren pro Spur, 2 Seite(n)
ZWEITE Diskette in Laufwerk A: einlegen
Eine beliebige Taste drücken, um fortzusetzen
Disketten identisch
Weitere Disketten vergleichen (J/N)? N
```

Werden Unstimmigkeiten festgestellt, so werden diese gemeldet:

```
Fehler beim Vergleich auf
Seite 0, Spur 0
Fehler beim Vergleich auf
Seite 1, Spur 0
Fehler beim Vergleich auf
Seite 0, Spur 1
Fehler beim Vergleich auf
Seite 1, Spur 1
```

Folgende Fehlercodes können zurückgegeben werden:

0   Die Disketten sind identisch.

1   Es wurden Unterschiede festgestellt.

2   Es erfolgte ein Abbruch durch [Strg]+[C].

3   Ein schwerer Fehler wurde festgestellt.

4   Ein Initialisierungsfehler wurde festgestellt.

Die Fehler können über Stapeldateien mit dem Parameter *ER-RORLEVEL* abgefangen werden:

```
IF ERRORLEVEL 4 INI_ERROR
```

Weiter Informationen entnehmen Sie dem Kapitel »Stapeldateien«.

Hinweis: Fehlermeldungen können auch auftreten, wenn z.B. Dateien mit dem Befehl COPY kopiert wurden. Die Disketten sind dann zwar inhaltlich gleich, die Dateien stehen aber an verschiedenen Stellen auf dem Datenträger.

6.9 FORMAT

Mit dem FORMAT-Befehl werden die Datenträger auf die laufwerkseigene Größe formatiert. Disketten können auch aus der DOS-Shell formatiert werden.

Syntax:

```
[L1:] FORMAT [L2:] [/S] [/B] [/V] [/Q] [/U] [/1]
[/4] [/8] [/F:Größe] [T:yy] [/N:xx]
```

L1:   Der Parameter L1 mit Pfad gibt an, wo sich die Datei FORMAT befindet.

L2   ist der Buchstabe des Laufwerks (Festplatte), das formatiert werden soll.

/S   bewirkt, daß eine Systemdiskette erstellt wird.

/1   bewirkt, daß nur eine Seite einer Diskette formatiert wird. Dies kann notwendig sein für Laufwerke mit nur einem Schreib- und Lesekopf.

/8   formatiert eine Diskette mit 8 statt mit 9 Sektoren.

/V	ermöglicht die Eingabe eines Diskettennamens (ab der Version 5.0 wird immer ein Diskettenname abgefragt und eine Diskettennummer vergeben).
/V:Name	ab der Version 4.0 wird ein Diskettenlabel sowie eine Seriennummer vergeben.
/B	formatiert eine Diskette mit 8 Sektoren pro Spur und reserviert Platz für die Systemdateien, ohne sie jedoch zu übertragen. Die Dateien können bei Bedarf mit dem Befehl SYS übertragen werden.
/4	ermöglicht die Formatierung einer 360 KByte Diskette in einem 1,2 MByte Laufwerk. Bei diesen Disketten kann es aber möglich sein, daß sie von anderen 1,2 MByte Laufwerken oder auch von 360 KByte Laufwerken nicht gelesen werden können. **Achtung:** Gefahr von Datenverlust!
/N:xx	formatiert eine Diskette mit xx Sektoren pro Spur.
/T:yy	formatiert eine Diskette mit yy Spuren.
/F:Größe	ermöglicht ab der Version 4.0, daß Disketten mit einer kleineren Kapazität formatiert werden. Gültige Werte sind 160, 180, 320, 720, 1.2, 1.44, 2.88.
/q	ermöglicht eine bereits formatierte Diskette physikalisch zu löschen. Dieser Formatierungsvorgang geht sehr schnell. Bitte beachten Sie, daß mit DEL *.* nur das Inhaltsverzeichnis einer Diskette gelöscht wird. Die Daten können mit UNDELETE wieder lesbar gemacht werden.
/U	bewirkt, daß ein Datenträger unwiderrufbar formatiert wird. Dabei werden alle vorhandenen Daten gelöscht. Sie können auch nicht mehr mit UNFORMAT zurückgeholt werden.

Ab der Version 5.0 stellt FORMAT selbständig fest, welcher Laufwerkstyp und welcher Datenträger vorhanden ist.

Achtung: Wird weder der Parameter /u, noch eine andere Option verwendet, führt FORMAT automatisch eine »sichere« Formatierung durch. Damit wird das Stammverzeichnis und die Dateizuordnungstabelle (FAT) gelöscht, nicht aber die Daten. Mit dem Befehl UNFORMAT können die Dateien »gerettet« werden.

Beispiel:

```
C>FORMAT A:
Neue Diskette in Laufwerk A: einlegen
und anschließend die EINGABETASTE drücken...
Prüfe bestehendes Datenträger-Format.
Angabe stimmt nicht mit bestehender Formatierung
überein.
Formatierung des Datenträgers kann nicht rückgängig
gemacht werden.
Formatieren durchführen (J/N)?  N
```

Achtung: Eine absichtlich zerstörte 360 KByte-Diskette wird mit Quick-Format formatieren. Es werden keine defekten Sektoren festgestellt.

```
A>FORMAT /Q A:
Neue Diskette in Laufwerk A: einlegen
und anschließend die EINGABETASTE drücken...
Prüfe bestehendes Datenträger-Format.
Speichere Information für Wiederherstellung.
Formatiere 360 KB mit QuickFormat.
Formatieren beendet
Datenträgerbezeichnung (11 Zeichen, EINGABETASTE für keine)?
 362496 Byte Speicherplatz auf dem Datenträger insgesamt
 362496 Byte auf dem Datenträger verfügbar
 1024 Byte in jeder Zuordnungseinheit.
 354 Zuordnungseinheiten auf dem Datenträger verfügbar.
Datenträgernummer: 2042-1AE9
Einen weiteren Datenträger mit QuickFormat formatieren (J/N)? N
```

Nun wird die Diskette wie gewohnt formatiert. Die defekten Sektoren werden gefunden und markiert:

```
C>FORMAT A:/4
```

FORMAT meldet, daß 47104 Byte in fehlerhaften Sektoren vorhanden ist. Diese Sektoren werden markiert. Damit wird sichergestellt, daß keine Daten dort gespeichert werden.

```
362496 Byte Speicherplatz auf dem Datenträger insgesamt
47104 Byte in fehlerhaften Sektoren
315392 Byte auf dem Datenträger verfügbar
1024 Byte in jeder Zuordnungseinheit.
308 Zuordnungseinheiten auf dem Datenträger verfügbar.
Datenträgernummer: 232B-1AED
```

6.10 CHKDSK

Mit dem Befehl CHKDSK wird ein Datenträger überprüft. Datenträger können auch aus der Shell überprüft werden.

Syntax:

```
L1: CHKDSK L2: /F /V
```

L1: L2   Laufwerksangabe

/F   Behebt Fehler auf dem Datenträger.

/V   Zeigt den Pfad und Namen jeder Datei auf dem
                Datenträger an.

Das Überprüfen von Datenträgern sollte regelmäßig durchgeführt werden. CHKDSK überprüft, wie viele Daten vorhanden sind, wieviel Speicher auf dem Datenträger und im RAM noch frei ist und wieviele versteckte Dateien gespeichert sind. Darüberhinaus werden ggf. vorhandene fehlerhaften Sektoren gelesen.

```
C>CHKDSK A:
Datenträger TEST3 erzeugt 12.05.1991 19:16
Datenträgernummer: 1822-1AD3
 362496 Byte Speicherplatz auf dem Datenträger insgesamt
 362496 Byte auf dem Datenträger verfügbar
 1024 Byte in jeder Zuordnungseinheit
 354 Zuordnungseinheiten auf dem Datenträger insgesamt
 354 Zuordnungseinheiten auf dem Datenträger verfügbar
 655360 Byte konventioneller Arbeitsspeicher
 445712 Byte frei
```

Mit CHKDSK werden auch Fehler in der Dateizuordnungstabelle gefunden. Bei der Speicherung von Daten werden jeweils mehrere Sektoren zu einem Block (Cluster) zusammengefaßt. Die Anzahl der Sektoren pro Cluster hängt vom Diskettentyp und der DOS-Version ab. Es ist daher möglich, daß ein Datenträger voll ist, obwohl die Summe der Byte aller Dateien noch weit unterhalb der eigentlichen Speicherkapazität liegt.

Ab der Version 4.0 wird die Anzahl der zur Verfügung stehenden Cluster mit CHKDSK angezeigt.

Beispiel:

Wenn zum Beispiel die Clustergröße vier Sektoren beträgt, dann bedeutet das, daß alle Dateien von der Größe 1 Byte bis 2 KByte einen Cluster auf dem Datenträger belegen. Vier Sektoren sind somit 2048 Byte. Ist eine Datei nur 1 Byte größer als 2048 Byte, so werden zwei Cluster für die Speicherung verwendet.

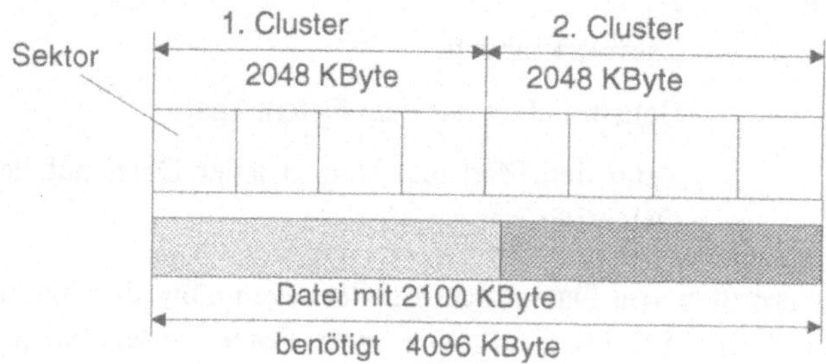

Abb. 6.2: Eine Datei mit 2100 Byte benötigt 2 Cluster

Überprüfung der Festplatte:

```
C:\>CHKDSK
Datenträger RZ-EMSBÜREN erzeugt 02.02.1991 16:22
Datenträgernummer: 16AA-7A6B
 85102592 Byte Speicherplatz auf dem Datenträger insgesamt
 102400 Byte in 6 versteckten Dateien
 360448 Byte in 84 Verzeichnissen
 72290304 Byte in 2719 Benutzerdateien
 12349440 Byte auf dem Datenträger verfügbar
 4096 Byte in jeder Zuordnungseinheit
 20777 Zuordnungseinheiten auf dem Datenträger insgesamt
 3015 Zuordnungseinheiten auf dem Datenträger verfügbar
 655360 Byte konventioneller Arbeitsspeicher
 445712 Byte frei
```

Wird bei der Überprüfung eines Datenträgers festgestellt, daß dieser fehlerhafte Sektoren hat, so werden diese beim Formatieren blockiert, so daß keine Beeinträchtigung entsteht und es nicht zu Datenverlusten kommt.

MS-DOS versucht alle Dateien unmittelbar hintereinanderzuschreiben. Entstehen »Löcher« durch Löschen von Programmen und Daten, so werden diese bei der Speicherung wieder gefüllt. Dadurch werden die Dateien »zerrissen«. Eine stark fragmentierte Festplatte wird dadurch wesentlich langsamer beim Zugriff auf die Dateien. Die Festplatte sollte deshalb regelmäßig mit DEFRAG reorganisiert werden. Die Daten sind dann wieder sequentiell gespeichert.

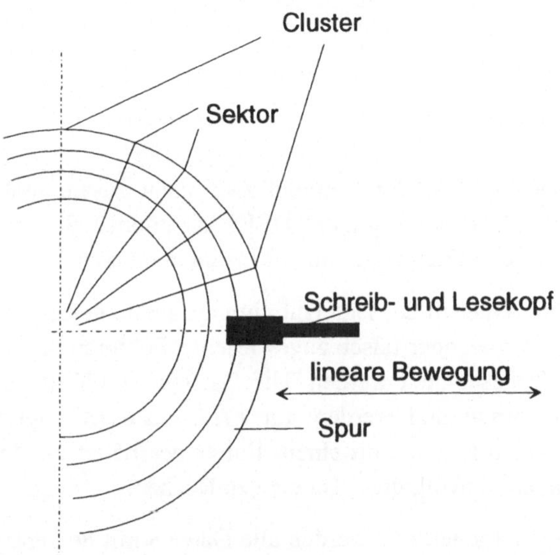

Abb. 6.3: Das Cluster-Prinzip auf einem Datenträger

Die Dateien werden mit CHKDSK *.* einzeln überprüft:

```
C:\>CHKDSK *.*
Datenträger RZ-EMSBÜREN erzeugt 02.02.1991 16:22
Datenträgernummer: 16AA-7A6B
 85102592 Byte Speicherplatz auf dem Datenträger insgesamt
 102400 Byte in 6 versteckten Dateien
 360448 Byte in 84 Verzeichnissen
 72196096 Byte in 2717 Benutzerdateien
 12443648 Byte auf dem Datenträger verfügbar

 4096 Byte in jeder Zuordnungseinheit
 20777 Zuordnungseinheiten auf dem Datenträger insgesamt
 3038 Zuordnungseinheiten auf dem Datenträger verfügbar
 655360 Byte konventioneller Arbeitsspeicher
 491584 Byte frei
C:\CLEAR.EXE enthält 2 nicht zusammenhängende Blöcke
```

Die Datei CLEAR.EXE enthält zwei nicht zusammenhängende Blocks. Mit dem Programm DEFRAG können Sie überprüfen, ob Sie eine Defragmentierung vornehmen müssen.

Werden Fehler in der Dateizuordnungstabelle gefunden, können die verlorenen oder falsch zugewiesenen Sektoren mit dem Parameter /F gesammelt werden. Die Dateien sind Text-Dateien im ASCII-Format und werden mit *FILExxxx.CHK* abgespeichert. Die Dateien können mit einem Editor bearbeitet werden. Meist ist es aber sinnvoll, diese Dateien zu löschen.

Mit dem Parameter /V werden alle Dateien mit den entsprechenden Pfaden angezeigt:

```
C>CHKDSK C:/V
```

Wird auf der Diskette ein Fehler festgestellt, kann der Datenträger mit dem Parameter /F überprüft werden.

```
C:\>CHKDSK A:/F
```

Achtung: CHKDSK findet nur logische Fehler im Dateisystem. Es werden keine physikalischen Fehler festgestellt (s. a. FORMAT). Fehlerhafte Sektoren werden beim Formatierungsvorgang markiert, damit dort keine Daten abgespeichert werden.

Die Meldungen können auch in eine Datei abgespeichert werden:

```
C>CHKDSK C: > CHK.DAT
```

6.11 LABEL-Befehl

Mit dem LABEL-Befehl wird eine Datenträgerbezeichnung erstellt, geändert oder gelöscht.

Syntax:

```
LABEL [Laufwerk:][Bezeichnung]
```

Mit einer Datenträgerbezeichnung können Sie einen bis zu 11 Zeichen langen Namen vergeben, der die Inhalte des Datenträgers treffend kennzeichnet. Wird kein Laufwerk angegeben, wird automatisch das aktuelle Laufwerk angesteuert.

Beispiel:

```
LABEL A:PROG-BAS1
```

Der Datenträger A wird mit dem Namen PROG-BAS1 beschriftet. Auf diesem Datenträger sind offensichtlich BASIC-Dateien vorhanden. Wird Label ohne Parameter übergeben, wird das Label des aktuellen Laufwerks angezeigt

Wird kein neuer Name vergeben, fragt das System:

```
Die aktuelle Datenträgerbezeichnung löschen (J/N)?
```

Folgende Zeichen dürfen *nicht* benutzt werden:

```
* ? / \ | . , ; : + = < > [ ] ( ) & ^
```

Achtung: Label kann nicht verwendet werden im Zusammenhang mit ASSIGN, SUBST oder JOIN.

6.12 SYS-Befehl

Mit dem Befehl SYS können Sie die System-Dateien von MS-DOS übertragen.

Syntax:

```
SYS Laufwerk:
```

Mit dem Befehl SYS können Sie z.B. nachträglich eine Diskette zu einer System-Diskette machen. Voraussetzung ist natürlich, daß genügend Speicher vorhanden ist, um die unsichtbaren Dateien

⇒ IO.SYS

⇒ MSDOS.SYS

und den Befehlsinterpreter:

⇒ COMMAND.COM

zu übertragen.

Beispiel:

```
SYS A:
```

Im Gegensatz zu der Version 4.0 und früher, überträgt SYS auch die Datei COMMAND.COM. In älteren Versionen (3.3 und älter) mußten die System-Dateien zusammenhängend auf dem Datenträger stehen. Dies ist ab der Version 4.0 nicht mehr notwendig.

Achtung: SYS kann nicht verwendet werden im Zusammenhang mit dem ASSIGN-, SUBST- oder JOIN-Befehl und darf nicht im Netz benutzt werden.

6.13 SHARE-Befehl

Mit dem Befehl SHARE können Sie eine Datei mit mehreren Geräten gleichzeitig nutzen. Die Datei wird automatisch schreibgeschützt.

Syntax:

```
SHARE [F:Speicher][L:Sperren]
```

/F:Speicher   weist den MS-DOS-Speicherplatz in Byte zu. Der Standardwert ist 2048 Byte. Jede offene Datei benötigt ausreichend Platz für die Länge des Dateinamens plus 11 Byte.

/L:Sperren   definiert die Anzahl der Sperren. Der Standardwert ist 20.

Der SHARE-Befehl wird meist im Zusammenhang mit einer Vernetzung oder mit Multitasking verwendet. Ist SHARE installiert, werden alle Lese- und Schreibanforderungen überprüft.

Der SHARE-Befehl wird in der Datei CONFIG.SYS eingebunden, z.B. mit der Anweisung:

```
INSTALL = C:\DOS\SHARE.EXE /F:4096 /L:25
```

6.14 EXE2BIN-Befehl

Der Befehl EXE2BIN übersetzt eine ausführbare Datei in das Binärformat.

Syntax:

```
EXE2BIN [L1:]Eingabe [L2]:Ausgabe
```

L1, L2   definieren die Laufwerksbezeichnungen (optional).

Eingabe   ist die Eingabedatei als EXE-Datei.

Ausgabe   ist die Ausgabedatei im Binärformat.

Wird keine Erweiterung angegeben, wird eine EXE-Datei erwartet und als Ausgabe-Datei die Erweiterung BIN vergeben.

Hinweis: Die Eingabe-Datei muß ein bestimmtes Format haben und mit einem gültigen Linker erstellt worden sein.

Nach erfolgreicher Umwandlung kann eine Umbenennung als COM-Datei erfolgen.

6.15 FC-Befehl

Der FC-Befehl vergleicht zwei Dateien oder Gruppen von Dateien und zeigt die Unterschiede an.

Syntax:

Für ASCII Vergleiche:

```
FC [/a] [/b] [/c] [/L] [/Lb n] [/n] [/t] [/w]
   [/nnnn] [L1:] Datei1 [L2:] Datei2
```

Für binäre Vergleiche:

```
FC [/b] [L1:] Datei1 [L2:] Datei2
```

Datei1   definiert die erste Datei, die verglichen werden soll.

Datei2   definiert die zweite Datei, die mit der ersten Datei verglichen werden soll.

/a   kürzt die Ausgabe des Vergleichs. Es werden nur die Zeilen am Anfang und Ende jedes Satzes, die unterschiedlich sind, angezeigt.

/b   kennzeichnet den binären Vergleich zweier Dateien. Die Dateien werden Byte für Byte überprüft. Dieser Parameter muß für den Vergleich bei EXE-, COM-, SYS-, OBJ-, LIB- oder BIN-Dateien verwendet werden.

/c   ignoriert Groß-und Kleinschreibung beim Vergleich. Kleinbuchstaben werden intern als Großbuchstaben betrachtet.

/L   Parameter für ASCII-Dateien. Dieser Wert wird verwendet, wenn keine EXE-, COM-, SYS-, OBJ-, LIB- oder BIN-Dateien überprüft werden.

/Lb n   definiert einen Puffer mit n Zeilen. Die Standardlänge beträgt 100 Zeilen. Werden Dateien überprüft, die mehr als 100 unterschiedliche Zeilen aufweisen, wird der Vorgang abgebrochen.

/n   bewirkt, daß die Zeilennummern beim ASCII-Vergleich angezeigt werden.

/t   Tabulatorzeichen werden nicht zu Leerstellen erweitert. Standardeinstellung ist 8 Leerzeichen und entspricht einem Tabulator-Zeichen.

/w   bewirkt, daß Tabulator-Zeichen und Leerstellen zusammengezogen werden (sog. Weißräume). Weißräume am Anfang und am Ende einer Zeile werden ignoriert.

/nnnn   stellt die Anzahl der Zeilen ein, die übereinstimmen müssen. Ist die Anzahl von übereinstimmenden Zeilen kleiner als nnnn, so werden die übereinstimmenden Zeilen als Unterschiede angezeigt.

Beispiel:

Es werden zwei Text-Dateien verglichen, um Unterschiede festzustellen.

```
FC SK_DEBUG.TXT SK_DEBUG.BAK
```

Mit dem Editor erstellen wir zwei Dateien:

```
Dies ist die erste Zeile.
Und nun kommt noch ein Text.
Die dritte Zeile.
Und jetzt fällt mir nichts mehr ein.
```

Die Datei wird als FC.TXT abgespeichert.

```
Dies ist die erste Zeile.
Hier ist der Unterschied. Und nun kommt noch ein Text.
Die dritte Zeile.
Unterschied.
Und jetzt fällt mir nichts mehr ein.
```

Die Datei wird als FC2.TXT abgespeichert.

Nun werden die Dateien mit dem FC-Befehl überprüft:

```
C>FC FC.TXT FC.TXT
Vergleiche Dateien FC.TXT und FC.TXT
FC: Keine Unterschiede gefunden
```

Der Parameter /b für den binären Vergleich:

```
C>FC /b FC.TXT FC2.TXT
Vergleiche Dateien FC.TXT und FC2.TXT
00000019: 0D 20
0000001A: 0A 20
0000001B: 55 20
0000001C: 6E 20
0000001D: 64 20
0000001F: 6E 20
00000020: 75 20
    .
    .
0000006B: 65 74

0000006C: 69 65
0000006D: 6E 20
0000006E: 2E 5A
0000006F: 1A 65
FC: FC2.TXT ist länger als FC.TXT
```

6.16 COMMAND-Befehl

Mit COMMAND wird ein neuer Befehlsprozessor geladen.

Syntax:

```
COMMAND [Laufwerk:][Pfad][Gerät][/e:nnnn][/p][/c
Zeichen] [/msg]
```

Laufwerk: gültige Laufwerksangabe.

Pfad   gültige Pfad-Angabe.

Gerät   ermöglicht die Festlegung eines neuen Ein- oder Ausgabegeräts (z.B. AUX). Siehe auch CTTY-Befehl.

/e:nnnn	definiert die Größe der Umgebung. *nnnn* ist die Angabe in Byte und gültig im Bereich zwischen 160 und 32768. MS-DOS rundet diesen Wert automatisch zur nächsten logischen Abschnittsgrenze auf. Die Standardeinstellung ist 256 Byte.
/p	läßt den sekundären Befehlsprozessor im Arbeitsspeicher und kehrt nicht automatisch zum Hauptbefehlsprozessor zurück. Dieser Parameter sollte nur verwendet werden, wenn COMMAND.COM aus der CONFIG.SYS geladen wird.
/c Zeichen	legt fest, welche Befehle auszuführen sind. Danach wird automatisch zum Hauptbefehlsprozessor zurückgeschaltet.
/msg	legt fest, daß alle Fehlermeldungen im Arbeitsspeicher gespeichert werden. *msg* kann nur im Zusammenhang mit dem Parameter /p verwendet werden.

Beim Aufruf eines neues Befehlsinterpreters wird die Umgebung eines vorhandenen Interpreters kopiert. Somit ist es möglich, daß Umgebungsvariablen beliebig geändert werden.

Beispiel:

```
COMMAND /C CHKDSK B:
```

Der MS-DOS-Befehlsprozesssor wird angewiesen einen neuen Befehlsprozessor unter dem gegenwärtigen Programm zu starten, den Befehl CHKDSK auszuführen und zum Befehlsprozessor zurückzukehren.

In der Datei CONFIG.SYS wird COMMAND.COM wie folgt eingebunden:

```
SHELL = COMMAND.COM /P /E:256
```

MS-DOS lädt den Befehlsinterpreter als residenten und als temporären (nicht dauerhaften) Teil. Es kann passieren, daß ein Programm den temporären Teil überschreibt, so daß der residente Teil COMMAND.COM finden muß, um wieder vollständig vor-

handen zu sein. Über die Umgebungsvariable COMSPEC wird
COMMAND.COM gefunden.

6.17 CTTY-Befehl

Der CTTY-Befehl ermöglicht den Wechsel der Geräte.

Syntax:

```
CTTY Gerät
```

Gerät   definiert das jeweilige Gerät wie AUX oder CON.

CTTY kann sinnvoll eingesetzt werden, wenn Sie das Gerät an
dem Sie arbeiten ändern wollen.

Hinweis: Es gibt Programme, die nicht MS-DOS für die Ein-
                und Ausgabe verwenden, da die Daten direkt zur
                Hardware gesendet werden. Auf diese Programme
                kann mit CTTY keine Veränderung erreicht werden.

Beispiel:

```
CTTY AUX
```

Die Befehlsein- und -ausgabe werden von der Konsole auf den
AUX-Anschluß umgeleitet (z.B. ein anderes Terminal). Mit CT-
TY CON wird die Umleitung rückgängig gemacht.

Zusätzlich zum CTTY-Befehl können Sie auch den Parameter
»Gerät« mit dem COMMAND.COM-Befehl verwenden.

6.18 UNDELETE

Mit der Datei UNDELETE ist es möglich, Dateien, die Sie mit
DEL gelöscht haben, wieder lesebar zu machen.

Syntax:

```
UNDELETE /DT /DOS /LIST /ALL
```

/DT	stellt nur Dateien wieder her, die von Mirrors Löschprotokoll-Option (Delete tracking) protokolliert sind (s.a. MIRROR).
/DOS	nimmt nur Dateien zurück, die von DOS protokolliert sind. Das gilt auch, wenn eine Löschprotokoll-Datei vorhanden ist. Vor jeder Zurücknahme wird abgefragt, ob die Datei restauriert werden soll.
/LIST	listet alle Dateien, die gelöscht wurden und wiederhergestellt werden können.
/ALL	stellt alle Dateien wieder her. Der erste Buchstabe wird durch #, ! Zeichen ersetzt.
Neu:	Mit dem neuen Programm UNDELETE können Dateien wesentlich eleganter »gerettet« werden.

7 Stapeldateien

Dateien werden in der Regel ohne Erweiterung aufgerufen:

```
C:\>Q ⏎
Befehl oder Dateiname nicht gefunden
```

MS-DOS sucht jetzt im aktuellen Verzeichnis die Datei Q und versucht, die Datei Q.EXE, Q.COM oder Q.BAT zu laden. Ist keine Datei im aktuellen Verzeichnis, wird eine entsprechende Fehlermeldung ausgegeben.

Batchdateien sind Stapeldateien, die viele Aufgaben nacheinander bearbeiten können. Batchdateien können sehr leistungsfähig sein und einen großen Teil der notwendigen Arbeit am Rechner erledigen.

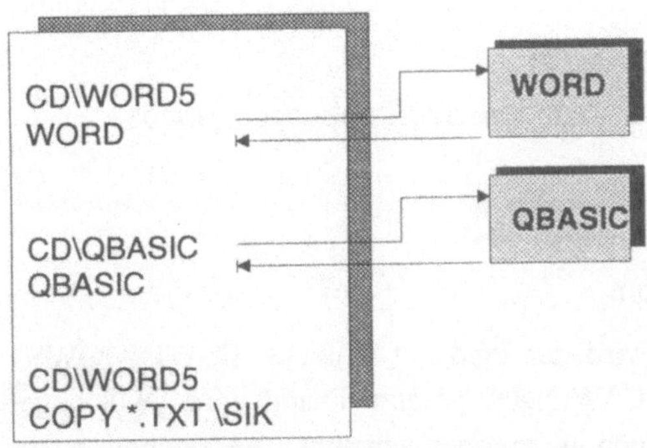

Abb. 7.1: Die Stapeldatei START.BAT

Eine Batchdatei besteht aus ASCII-Zeichen und kann mit COPY CON oder EDIT erstellt werden. Komfortabler ist natürlich der

Einsatz des Editors EDIT, der die Oberfläche des QBASIC-Interpreters verwendet.

Was leistet die Datei, die in Abbildung 7.1 dargestellt ist?

Im ersten Schritt wird in das Verzeichnis \WORD5 gewechselt. Dann wird das Programm WORD geladen. Nachdem dieses Programm beendet ist, wird in das Verzeichnis \QBASIC gewechselt und dort das Programm QBASIC geladen. Dannach werden alle TXT-Dateien aus dem Verzeichnis \WORD5 nach \SIK kopiert. Die Datei START.BAT leistet nacheinander drei wesentliche Arbeitsschritte.

7.1 AUTOEXEC.BAT

Eine besondere Batchdatei ist die Datei AUTOEXEC.BAT. Nach dem Boot-Vorgang sucht MS-DOS zuerst die Datei AUTOEXEC.BAT und führt diese aus. In dieser Datei können Pfade gesetzt und auch die DOSSHELL aufgerufen werden.

Beispiel:

```
C:\>TYPE AUTOEXEC.BAT
@ECHO OFF
PATH C:\DOS;D:\WINDOWS;D:\PCTOOLS;C:\WORD5
KEYB GR
VIDEO
CLS
PROMPT $p$g
P_ZEIT3 s
C:\DOS\DOSSHELL
```

In dieser Datei wird der Pfad auf C:\DOS, D:\WINDOWS, D:\ PCTOOLS und C:\WORD5 gesetzt. Damit wird DOS angewiesen, eine Datei auch in den oben genannten Verzeichnissen zu suchen (s.a. Kapitel »Festplattenverwaltung«).

Mit KEYB GR wird der deutsche Tastaturtreiber geladen. VIDEO ist ein Tool, das automatisch den Bildschirm dunkelschaltet, wenn zwei Minuten lang keine Taste gedrückt wurde. Mit dem PROMPT-Befehl wird DOS angewiesen das Laufwerk mit dem aktuellen Verzeichnis auszugeben. P_ZEIT3 ist ein Programm, das die Startzeit des Rechners notiert (VIDEO und P_ZEIT3 gehören nicht zum Lieferumfang von MS-DOS). Mit der AUTOEXEC.BAT werden daher Grundeinstellungen vorgenommen und speicherresidente Programme geladen.

7.2 Einfache Stapeldatei START.BAT

Ein Batchdatei-Name kann aus maximal 8 Zeichen bestehen und muß den allgemeinen Regeln von DOS entsprechen. Die Erweiterung muß BAT sein. Stapeldateinamen sollten auf einem Rechner jeweils nur einmal vorhanden sein. Der Dateiname darf nicht gleichnamig mit einem Programmnamen oder einem DOS-Befehl sein.

Aufgabe: Der Interpreter wird in ein eigenes Verzeichnis C:\QBASIC kopiert. Dies ist sinnvoll, damit unsere BASIC-Dateien nicht im Verzeichnis \DOS stehen. Die Batchdatei START.BAT soll den QBASIC-Interpreter starten. Zuerst wird der Vorgang manuell ausgeführt. Danach wird eine Stapeldatei erstellt.

Wechseln Sie mit CD in das Verzeichnis QBASIC:

```
C:\>CD\QBASIC ⏎
```

Aufruf der Datei QBASIC:

```
C:\QBASIC>QBASIC ⏎
```

Nach Beendigung des Programms QBASIC bleibt DOS im Verzeichnis QBASIC. Nun kann in das Hauptprogramm zurückgeschaltet werden.

```
C:\QBASIC>CD\ ⏎
```

Da diese Arbeit sehr oft verrichtet wird, und zwar immer dann, wenn der QBASIC-Interpreter gestartet werden soll, lohnt sich die Erstellung einer Stapeldatei:

```
C:\>COPY CON START.BAT ⏎
CD\QBASIC ⏎
QBASIC ⏎
CD\ ⏎
^Z ⏎
 1 Datei(en) kopiert
```

Die Datei wird mit [Strg]+[Z] ⏎ oder der Funktionstaste [F6] ⏎ abgeschlossen. Die Datei kann nun mit START gestartet werden. Die Stapeldatei wechselt in das Verzeichnis QBASIC und startet das Programm QBASIC. Nach Verlassen des Interpreters über »Beenden« wird die Stapeldatei weiter ausgeführt, das heißt, die Anweisung nach CD\ wird ausgeführt und die Stapeldatei beendet.

Es lohnt sich daher, für jedes Programm, welches in der Regel aus dem Hauptverzeichnis gestartet werden soll, eine eigene Stapeldatei zu schreiben. Im Kapitel »Die DOS-Shell« werden wir weitere Möglichkeiten kennenlernen, Programme direkt aus der Shell zu laden.

Hinweis: Die Stapeldateien haben an Bedeutung verloren, da viele Stapelaufgaben auch aus der DOS-Shell durchgeführt werden!

Da die Stapeldatei im Hauptverzeichnis steht und die EXE- und COM-Dateien in den entsprechenden Unterverzeichnissen abgelegt sind, können die Dateien auch gleichnamig sein. Wir benennen die Datei START.BAT in QBASIC.BAT um:

```
C:\>REN START.BAT QBASIC.BAT
```

Werden zwei gleiche Produkte mit unterschiedlichen Versionsnummern verwendet, kann die Versionsnummer auch dem Dateinamen nachgestellt werden:

```
C:\>TYPE WORD5.BAT
ECHO OFF
CD\WORD5
WORD
CD\
```

Arbeiten, die immer wieder verrichtet werden müssen, können bequem mit Stapeldateien erledigt werden. Die Stapeldatei QBASIC soll nach dem Verlassen des Interpreters alle BASIC-Dateien als

Sicherungskopie auf Diskette abspeichern. Die Stapeldatei muß
wie folgt geändert werden:

```
CD\QBASIC
QBASIC
ECHO OFF
ECHO *** Diskette in Laufwerk A einlegen ***
PAUSE
COPY *.BAS A:
CD\
```

Protokoll:

```
C:\>QBASIC
C:\>CD\QBASIC
C:\QBASIC>QBASIC
C:\QBASIC>ECHO OFF
*** Diskette in Laufwerk A einlegen ***
Eine beliebige Taste drücken, um fortzusetzen
Datei nicht gefunden - ????????.BAS
 0 Datei(en) kopiert
```

Mit dem Befehl ECHO OFF wird DOS angewiesen, keine Befehle
mehr auszudrucken. Dies hat vor allem den Sinn, daß Texte, die
mit ECHO ausgedruckt werden, nicht zweimal auf dem Bildschirm erscheinen. ECHO wird verwendet, um Texte oder - wie in
diesem Fall - Anweisungen an den Bediener auszugeben. Mit dem
PAUSE-Befehl wird der Text

```
Eine beliebige Taste drücken, um fortzusetzen
```

ausgegeben. Nach Tastendruck versucht DOS, alle BASIC-Datei-
en zu kopieren. Da keine Programme vorhanden sind, wird die
folgende Meldung ausgegeben:

```
Datei nicht gefunden - ????????.BAS
```

7.3 Numerierte Variablen

Stapeldateien können maximal 10 Variablen verwalten. Ein Va-
riablen-Name beginnt immer mit einem Prozentzeichen, dem eine
Zahl zwischen 0 und 9 folgt:

```
%0, %1, %2 bis %9
```

Mit dem Unterbefehl SHIFT ist es möglich, noch weitere Variablen zu benennen. Dies ist aber in den wenigsten Fällen notwendig.

Aufgabe: Der REN-Befehl (Rename) wird verwendet, um Dateien umzubenennen. Schreiben Sie eine Stapeldatei R.BAT die zwei Parameter übernimmt und sie an den REN-Befehl übergibt.

```
COPY CON R.BAT
REN %1 %2
^Z
```

Die Datei TEST.TXT soll in XXXX.TXT umbenannt werden:

```
R TEST.TXT XXX.TXT
```

7.4 Unterbefehle

Unterbefehle sind notwendig, damit man leistungsfähige Stapeldateien schreiben kann. Die Unterbefehle ECHO und PAUSE wurden schon erwähnt, da diese Befehle fast in jeder Stapeldatei vorkommen.

7.4.1 ECHO

Mit dem ECHO-Befehl ist es möglich, Texte am Bildschirm auszugeben. In der Sprache BASIC verwendet man dazu den PRINT-Befehl.

Syntax:

```
ECHO OFF | ON
```

Die Datei E.BAT soll Texte ausgeben:

```
C:\TEST>COPY CON E.BAT
ECHO ****** Die Datei E.BAT *****
ECHO ---------------------------
^Z
 1 Datei(en) kopiert
```

Wir testen die Datei:

```
C:\TEST>ECHO ****** Die Datei E.BAT *****
****** Die Datei E.BAT *****
C:\TEST>ECHO ---------------------------
---------------------------
```

Was ist passiert?

Natürlich! Der Befehl ECHO OFF wurde vergessen! Dieser verhindert, daß die Zeile »ECHO ****...« ausgegeben wird, denn ECHO bedeutet »Gib den folgenden Text auf dem Bildschirm aus«.

Nach dem Einfügen des Befehls ECHO OFF am Anfang der Stapeldatei, läuft nun das Program wie geplant:

```
C:\TEST>E ⏎
C:\TEST>ECHO OFF
****** Die Datei E.BAT *****
---------------------------
C:\TEST>
```

Mit dem Befehl ECHO ON kann die Befehlsausführung am Bildschirm wieder eingeschaltet werden. Wird dem ECHO OFF Befehl ein Klammeraffe (@) vorangestellt, wird der ECHO OFF-Befehl ebenfalls nicht ausgegeben.

Mit »ECHO.« wird eine Leerzeile ausgedruckt. Zwischen ECHO und dem Punkt darf **kein** Leerzeichen stehen. ECHO darf nicht mit einer Verkettung (|) oder einer Umleitung (>) verwendet werden.

Der ECHO-Befehl wird häufig verwendet im Zusammenhang mit einer IF-Anweisung, um Texte auszudrucken.

Beispiel:

```
IF EXIT TEST.TXT ECHO Die Datei ist vorhanden
```

7.4 2 REM

Die Anweisung REM steht für Remark und bedeutet, daß die nachfolgenden Anweisungen und Texte von DOS ignoriert werden. Die REM-Anweisung kann wie die REM-Anweisung in BASIC verwendet werden. REM dient in erster Linie dazu, Erklärungen in Stapeldateien einzubinden und sie dadurch transparenter zu machen. Ebenso ist es sinnvoll, mit diesem Befehl DOS-Befehle auszuklammern.

Beispiel:

```
C:\TEST>COPY CON REMARK.BAT
REM Die Datei REMARK.BAT
@ECHO OFF
ECHO -------- REMARK.BAT -------
DIR *.*
PAUSE
DIR *.*/w
PAUSE
ECHO ***** ENDE *****
^Z
 1 Datei(en) kopiert

C:\TEST>REMARK ⏎
-------- REMARK.BAT -------
 Datenträger in Laufwerk C ist RZ-EMSBÜREN
 Datenträgernummer: 1901-372E
    .
    .
^C
Stapelverarbeitung abbrechen (J/N)? J
```

Stapeldateien können mit `Strg`+`C` unterbrochen werden.

7.4.3 PAUSE

Mit dem Befehl PAUSE wird der Text »Eine beliebige Taste drücken, um fortzusetzen« ausgegeben. Nach Drücken einer Taste wird die Stapeldatei weiter ausgeführt. PAUSE wird verwendet, um Bildschirmausgaben zu unterbrechen, Disketten in das Laufwerk einzuführen usw.

Syntax:

```
PAUSE [TEXT]
```

Mit der optionalen Anweisung TEXT können Sie mit dem PAUSE-Befehl einen anderen Text ausgeben, zum Beispiel:

```
PAUSE Drücken Sie die Leertaste
```

7.4.4 GOTO

Mit der GOTO-Anweisung ist es möglich, an eine bestimmte Stelle in der Stapeldatei zu springen. GOTO wird wie in der Programmiersprache BASIC verwendet. Mit der GOTO-Anweisung wird eine unbedingte Verzweigung durchgeführt.

Syntax:

```
GOTO Label
```

Als Label kann eine Zeichenkette von maximal acht Zeichen verwendet werden. Es sollten aussagekräftige Marken verwendet werden wie:

```
:start
:Fehlermeldung
:ende
:DiskEr
```

Label wie:

```
:A
:L1
:X
```

sorgen nicht für Transparenz im Programm. Beim Label »Fehlermeldung«, werden nur die ersten acht Zeichen verwendet. Die Label

```
Fehlermeldung:
fehlerme01:
```

sind daher identisch.

Mit der folgenden Stapeldatei ist es möglich, alle Disketten mit einem Label zu versehen. Noch nicht ganz elegant gelöst wurde das Problem mit dem Stapeldatei-Abbruch.

```
C:\TEST>COPY CON GO.BAT
ECHO OFF
CLS REM Bildschirm löschen
:Start
LABEL A:
ECHO ...bitte neue Diskette einlegen!
PAUSE
GOTO Start REM auch GOTO :Start
```

```
^Z
 1 Datei(en) kopiert
```

Protokoll:

```
Datenträger in Laufwerk A ist WORD_TXT_9
Datenträgernummer: 1901-372E
Datenträgerbezeichnung (11 Zeichen, EINGABETASTE für keine)? DOS-50_BUCH
...bitte neue Diskette einlegen!
Eine beliebige Taste drücken, um fortzusetzen
Datenträger in Laufwerk A ist DOS-50_BUCH
Datenträgernummer: 1901-372E
Datenträgerbezeichnung (11 Zeichen, EINGABETASTE für keine)? DOS-50
...bitte neue Diskette einlegen!
Eine beliebige Taste drücken, um fortzusetzen
^C
Stapelverarbeitung abbrechen (J/N)?[J]
C:\TEST>
```

Hinweis: Der LABEL-Befehl kann nicht verwendet werden im
              Zusammenhang mit ASSIGN, SUBST oder JOIN.

7.4.5 IF

Mit dem Unterbefehl IF kann eine bedingte Verzweigung ausgeführt werden. IF wird ähnlich dem IF in den unterschiedlichen
Programmiersprachen verwendet.

Syntax:

```
IF NOT Bedingung Befehl
IF [NOT] ERRORLEVEL Befehl
IF [NOT] Zeichenfolge1 == Zeichenfolge2 Befehl
IF [NOT] EXIST Name Befehl
```

Mit NOT wird eine Negation abgefragt. Als Bedingung sind die
folgenden Parameter möglich:

ERRORLEVEL Code	bestimmt, ob der Rückkehrcode des zuletzt verlassenen Programms gleich oder höher als Code ist.
Zeichenkette == Zeichenkette	vergleicht die Strings auf Übereinstimmung.
EXIST Name	prüft, ob die mit Name angegebene Datei im aktuellen Verzeichnis vorhanden ist.
Befehl	führt einen DOS-Befehl aus. Es kann auch zu einem Label gesprungen werden.

Die IF-Abfrage ist wie eine Weiche, die abfragt: »Ist die Bedingung richtig«, dann führe den Befehl aus oder springe zur definierten Marke. Ist die Antwort »Nein« (FALSE), dann führe die Befehle in der nächsten Zeile aus. Es gibt kein ELSE wie in anderen Programmiersprachen.

Achtung: Bei einem Vergleich von Zeichenketten wird zwischen Groß- und Kleinschreibung unterschieden!

Übung: Die Stapeldatei R.BAT, die geschrieben wurde, um Dateinamen zu ändern, soll so modifiziert werden, daß ein Fehler abgefangen wird.

Beachten Sie bei den Überlegungen, daß die folgenden Fehler auftreten können:

⇒ Beide Dateinamen sind identisch.

⇒ Datei 1 wurde nicht gefunden und kann deshalb nicht umbenannt werden.

⇒ Datei 2 wurde gefunden, daher kann Datei 1 nicht in Datei 2 umbenannt werden.

```
C:\TEST>COPY CON IF-B.BAT
@ECHO OFF
ECHO Stapeldateiname: %0.BAT
ECHO Datei %1 und %2 werden überprüft
IF %1 == %2 GOTO Gleich
IF NOT EXIST %1 GOTO FehlerMeldung1
ECHO --- OK Datei %1 ist da! ---
IF EXIST %2 GOTO Fehler2
ECHO --- OK Datei %2 ist noch nicht vorhanden ---
REN %1 %2
ECHO ! Datei %1 in Datei %2 erfolgreich umbenannt !
GOTO Ende
:FehlerMeldung1
ECHO Datei %1 wurde nicht gefunden
GOTO Ende
:Fehler2
ECHO Datei %2 ist bereits vorhanden
GOTO Ende
:Gleich
ECHO !!! Dateien sind gleichnamig !!!
:Ende
ECHO *** ENDE ***
^Z
 1 Datei(en) kopiert
```

Protokoll:

```
C:\TEST>i       ￢ z
Stapeldateiname: if-b.BAT
Datei z und z werden überprüft
!!! Dateien sind gleichnamig !!!
*** ENDE ***
C:\TEST>if-b xx yy
Stapeldateiname: if-b.BAT
Datei xx und yy werden überprüft
Datei xx wurde nicht gefunden
*** ENDE ***
C:\TEST>if-b z 123
Stapeldateiname: if-b.BAT
Datei z und 123 werden überprüft
--- OK Datei z ist da! ---
Datei 123 ist bereits vorhanden
*** ENDE ***
C:\TEST>if-b z z.txt
Stapeldateiname: if-b.BAT
Datei z und z.txt werden überprüft
--- OK Datei z ist da! ---
--- OK Datei z.txt ist noch nicht vorhanden ---
! Datei z in Datei z.txt erfolgreich umbenannt !
*** ENDE ***
```

Warum läuft die Stapeldatei nicht einwandfrei?

Ein Label darf zwar länger als 8 Zeichen sein, doch werden nur die ersten acht Zeichen berücksichtigt. Demnach sind die Label

```
FehlerMeldung1 und FehlerMeldung2
```

gleichnamig und führen dazu, daß das Programm immer zum Label »Fehlermeldung1« springt. Wie bereits erwähnt, sollte man aussagekräftige Label verwenden.

7.4.6 FOR

Mit der FOR-Anweisung können Schleifen ausgeführt werden.

Syntax:

```
FOR %%Variable IN (Wertmenge) DO Befehl
```

Variable   ist ein gültiger Variablenname (%0, %1 bis %9).
                  Variablen dürfen maximal ein Zeichen lang sein:
                  z. B. %A, %V usw.

Wertmenge   enthält Werte, die nacheinander von dem Befehl verwendet werden.

Befehl   kennzeichnet den auszuführenden Befehl.

Beispiel:

```
C:\TEST>COPY CON FOR1.BAT
ECHO OFF
ECHO --- Diskette in Laufwerk A einlegen ---
PAUSE
FOR %%V IN (A:, C:\, C:\TEST) DO DIR %%V
ECHO *** Alle Verzeichnisse durchsucht ***
```

Achtung: Zwischen IN und der Befehlsfolge muß ein Leerzeichen stehen.

Protokoll:

```
C:\TEST>FOR1
C:\TEST>ECHO OFF
--- Diskette in Laufwerk A einlegen ---
Eine beliebige Taste drücken, um fortzusetzen
 Datenträger in Laufwerk A ist WORD_TXT_9
 Datenträgernummer: 1901-372E
 Verzeichnis von A:\

     .

     .
 Datenträger in Laufwerk C ist RZ-EMSBÜREN
 Datenträgernummer: 1901-752E
 Verzeichnis von C:\
BASIC <DIR> 17.02.87 9:29

     .
 *** Alle Verzeichnisse durchsucht ***
```

Aufgabe: Schreiben Sie die Stapeldatei um, damit es möglich ist einen Parameter zu übergeben.

```
ECHO OFF
ECHO --- Diskette in Laufwerk A einlegen ---
PAUSE
FOR %%V IN (A:*.%1, C:\*.%1, C:\TEST\*.%1) DO DIR %%V
ECHO *** Alle Verzeichnisse durchsucht ***
```

Protokoll:

```
C:\TEST>FOR2 TXT
```

7.4.7 CALL

Mit CALL wird eine Unterroutine aufgerufen.

```
CALL DateiName
```

DateiName   ist die Datei, die aufgerufen werden soll. Ein Pfad
               kann vorangestellt werden. Die Jokerzeichen (?, *)
               sind gültig.

Beispiel:

Aus einer Stapeldatei soll eine weitere Stapeldatei aufgerufen
werden. Wird dazu nicht der CALL-Befehl verwendet, wird nach
Abschluß der zweiten Stapeldatei der Job beendet. Die Ausgabe
»... wieder in STAP1.BAT« wird nicht ausgegeben.

```
ECHO OFF
ECHO **** STAP1.BAT ****
STAP2.BAT
ECHO ... wieder in STAP1.BAT
ECHO ==== STAP2.BAT ====
C>stap1
C>ECHO OFF
**** STAP1.BAT ****
==== STAP2.BAT ====
```

Im nächsten Beispiel wird die zweite Stapeldatei mit CALL aufgerufen:

```
ECHO OFF
ECHO **** STAP3.BAT ****
CALL STAP4.BAT
ECHO ... wieder in STAP3.BAT
ECHO ==== STAP4.BAT ====
C>ECHO OFF
**** STAP3.BAT ****
==== STAP4.BAT ====
... wieder in STAP3.BAT
```

Wird keine Stapeldatei aufgerufen, braucht der CALL-Befehl
nicht verwendet werden, da nun automatisch in die ausführende
Stapeldatei zurückgeschaltet wird.

Aufgabe: Aus einer Stapeldatei soll ein Text, ein Briefkopf oder ein Logo aufgerufen werden. Um diese Zeichen nicht immer mitabspeichern zu müssen, kann die Datei KOPF.TXT mit TYPE ausgegeben werden. Ebenso wäre es möglich, die Texte in der Datei KOPF mit ECHO ausgegeben.

Datei: KOPF.TXT

```
Gerd Kebschull
4448 Emsbüren
```

Datei: B.BAT:

```
ECHO OFF
CLS
ECHO Autor:
TYPE KOPF.TXT
ECHO *** ENDE ***
```

Protokoll:

```
Autor:
Gerd Kebschull
4448 Emsbüren
*** ENDE ***
C>
```

Hinweis: In der Datei KOPF.TXT muß nach dem Ort ein »leeres« Return stehen, damit der Text »*** ENDE ***« in der nächsten Zeile ausgegeben wird.

7.4.8 SHIFT

Mit der SHIFT-Anweisung ist es möglich, mehr als zehn Batch-Variablen zu benutzen.

Syntax:

```
SHIFT
```

Aufgabe: Sie wollen sich mit DIR Dateien mit unterschiedlichen Erweiterungen in einem Verzeichnis ansehen. Hiezu ist es möglich, die Extension an die Variable %1, %2 usw. zu übergeben und diese explizit auszugeben:

```
DIR *.%1
DIR *.%2
```

Eleganter löst man dieses Problem mit der SHIFT-Anweisung:

```
C>COPY CON SHIFT1.BAT
ECHO OFF
ECHO DATEI SHIFT1.BAT
:Start
ECHO Erweiterung =%1
DIR *.%1
SHIFT
GOTO Start
^Z
```

Das Programm bricht nicht ab, da in der Endlosschleife kein Endekriterium eingebaut wurde. Die Stapeldatei muß daher mit [Strg]+[C] abgebrochen werden. Ein kleiner Trick löst dieses Problem. Es werden die Parameter *txt*, *bat* und # übergeben. Demnach wird in der Variablen

```
%1 = txt
%2 = bat
%3 = #
```

abgespeichert. In %4 steht also nichts (Leerstrings). Deshalb wird nach der vierten Wiederholung der Schleife abgefragt:

```
ist ENDE == ENDE
```

und zum Label »:Schluss« verzweigt. Vorher wurde abgefragt, ist

```
txtENDE == ENDE (nein)
batENDE == Ende (nein)
#ENDE == ENDE (nein)
ENDE == ENDE (ja)
```

Überarbeitete Stapeldatei:

```
ECHO OFF
ECHO DATEI SHIFT2.BAT
:Start
IF %1ENDE == ENDE GOTO Schluss
IF %1 == # GOTO Nicht
ECHO Extension = %1
DIR *.%1
SHIFT REM Variable wird hochgeschaltet
GOTO Start
:Nicht
ECHO DIR *.# wird nicht ausgeführt
GOTO Start
:Schluss
ECHO *** ENDE ***
```

Protokoll:

```
C>SHIFT2 txt #
C>ECHO OFF
DATEI SHIFT2.BAT
Extension = txt
 Datenträger in Laufwerk C ist RZ-EMSBÜREN
 Datenträgernummer: 54C3-C340
 Verzeichnis von C:\TEST
XXXX TXT 37 27-11-90 15:53
Z TXT 14 29-11-90 16:20
KOPF TXT 32 01-12-90 12:03
 3 Datei(en) 83 Byte
 2390016 Byte frei
DIR *.# wird nicht ausgeführt
DIR *.# wird nicht ausgeführt
DIR *.# wird nicht ausgeführt
^CR *.# wird nicht ausgeführt
Stapelverarbeitung abbrechen (J/N)?J
```

Wo ist jetzt noch ein Fehler?

Die Überlegunge mit der Abfrage der Variablen ist doch schlüssig! Dennoch bricht das Programm nicht ab?

Werden Stapeldateien komplizierter, muß genau überprüft werden, welchen Weg das Programm nimmt. Durch den Sprung in die Unterroutine »:Nicht« und den Rücksprung nach »:Start«, gelangt das Programm nicht zur SHIFT-Anweisung, so daß in der Variablen %2 »#« steht, nicht aber auf %3="" umgeschaltet wird. Dieser Fehler wäre uns eher aufgefallen, wenn die Anweisung

```
ECHO Extension = %1
```

weiter vorn im Programm gestanden hätte. In der Unterroutine
»:Nicht« muß demnach nur noch eine SHIFT-Anweisung ergänzt
werden.

```
:Nicht
ECHO DIR *.# wird nicht ausgeführt
SHIFT
GOTO Start
```

Das Programm läuft jetzt einwandfrei. Es kann nun durch einen
Nullstring abgeschlossen werden. Wird in der Routine »:Nicht«
der Rücksprung nach »:Start« gelöscht, kann auch mit dem Ab-
bruchkriterium # das Programm beendet werden.

Hinweis: Eine Einschränkung ist bei der SHIFT-Anweisung
               von Bedeutung. Durch den Einsatz von SHIFT kön-
               nen zwar mehr als zehn Variablen verwaltet werden,
               es ist aber nicht möglich, auf alle Variablen zuzugrei-
               fen.

Beispiel:

```
@ECHO OFF
ECHO DATEI SHIFT4.BAT
:Start
IF %1ENDE == ENDE GOTO Schluss
ECHO Parameter = %1
SHIFT REM Variable wird hochgeschaltet
GOTO Start
:Schluss
ECHO *** ENDE ***
```

Protokoll:

```
C>SHIFT4 1 2 3 4 5 6 7 8 9 10 11 12
DATEI SHIFT4.BAT
Parameter = 1
Parameter = 2
Parameter = 3
Parameter = 4
Parameter = 5
  .
  .
Parameter = 11
Parameter = 12
*** ENDE ***
```

Es kann nur auf den letzten Parameter zugegriffen werden. Sollen die Inhalte von %1, %2 usw. nicht verlorengehen, kann die gerade definierte Aufgabe über eine FOR-Schleife gelöst werden.

Beispiel:

```
@ECHO OFF
ECHO DATEI SHIFT5.BAT
FOR %%V IN (%1, %2, %3, %4, %5) DO ECHO Parameter =
%%V
ECHO Ende Schleife
ECHO Parameter 1 = %1
ECHO Parameter 3 = %3
ECHO *** ENDE ***
```

Protokoll:

```
C>SHIFT5 11 22 33 44 55 66 77 88 99
DATEI SHIFT5.BAT
Parameter = 11
Parameter = 22
Parameter = 33
Parameter = 44
Parameter = 55
Ende Schleife
Parameter 1 = 11
Parameter 3 = 33
*** ENDE ***
```

Da nur fünf Parameter über die Schleife geschaltet werden, können auch nur fünf ausgedruckt werden. Es ist nun aber möglich, nach Verlassen der Schleife auf die Inhalte der Variablen %1 und %3 zuzugreifen.

```
@ECHO OFF
ECHO DATEI SHIFT6.BAT
FOR %%V IN (%1, %2, %3, %4, %5 %6 %7 %8 %9 %10) DO
ECHO Parameter = %%V
ECHO Ende Schleife
ECHO Parameter 1 = %1
ECHO Parameter 3 = %3
ECHO *** ENDE ***
```

Protokoll:

```
C>SHIFT6 11 22 33 44 55 66 77 88 99 111 222 333
DATEI SHIFT6.BAT
Parameter = 11
Parameter = 22
Parameter = 33
Parameter = 44
Parameter = 55
```

```
Parameter = 66
Parameter = 77
Parameter = 88
Parameter = 99
Parameter = 110
Ende Schleife
Parameter 1 = 11
Parameter 3 = 33
*** ENDE ***
```

Das Programm SHIFT6.BAT ist nicht mehr in der Lage, den Wert
111 in der Variablen %10 abzuspeichern. Es wird demnach der
Inhalt von %1 ausgegeben und die »0« als Text akzeptiert.

Nun wird deutlich, welche Möglichkeiten die SHIFT-Anweisung
schafft und wo die Grenzen sind.

7.4.9 CHOICE

Mit der CHOICE-Anweisung ist es möglich, innerhalb einer Stapelverarbeitung Parameter abzufragen. Damit kann der Nutzer die
Stapelbearbeitung beeinflussen.

Syntax:

```
CHOICE [/C [:]Tasten] [/N] [/S] [/T[:]c,nn] [Text]
```

/C[:]Tasten   legt fest, daß nur der Eingabetest, nicht aber
               CHOICE angezeigt wird.

/S   legt fest, daß zwischen Groß- und Kleinschrei-
               bung unterschieden wird.

/T[:]c,nn   legt fest, daß CHOICE eine definierte Anzahl von
               Sekunden wartet und dann die Stapelverarbeitung
               fortführt.

nn   Anzahl in Sekunden. Gültige Werte liegen zwi-
               schen 0 und 99.

c   Zeichen, das zum Standard bei der Weiterführung
               wird. Das Zeichen muß mit der Option /C festge-
               legt sein.

Beispiel:

```
CHOICE /c:jna
```

/zeigt an [J,N,A]

Sie können nun mit ⬚J⬚, ⬚N⬚ oder ⬚A⬚ die Stapelverabeitung fort-
führen. Wollen Sie einen Text benutzen, gehen Sie wie folgt vor:

```
CHOICE /C:jna Ja, Nein oder Abbruch
```

Auf dem Bildschirm erscheint:

```
Ja, Nein oder Abbruch[J,N,A]?
```

Im nächsten Beispiel soll die Stapelverarbeitung nach 3 Sekunden
fortgeführt werden:

```
CHOICE /c: jna /t:3,n
```

Das Programm wird nach 3 Sekunden weitergeführt, als hätte der
Benutzer die Taste ⬚N⬚ gedrückt.

Die Rückgabewerte werden in der Variablen ERRORLEVEL gespeichert. Damit ist es möglich in der Stapelverabeitung Sprünge
auszuführen. ERRORLEVEL erhält mit der ersten definierten Taste den Wert 1, mit der zweiten den Wert 2 usw. Wird eine nicht
definierte Taste gedrückt, ertönt ein Signal.

Beispiel:

```
@ECHO OFF
:Start
CLS
ECHO MENÜ
ECHO ====
ECHO.
ECHO E EDIT ausführen
ECHO Q QBASIC ausführen
ECHO A Abbruch nach 5 Sekunden
ECHO.
CHOICE /c:eqa /t:5,a Wählen Sie bitte

ECHO ERRORLEVEL

IF ERRORLEVEL 3 GOTO Ende
IF ERRORLEVEL 2 GOTO QBasic
IF ERRORLEVEL 1 GOTO Edit REM Nicht notwendig
```

```
:Edit
EDIT
:Edit
C:\DOS\EDIT
GOTO Start

:QBasic
C:\DOS\QBASIC
GOTO Start

:Ende
ECHO *** ENDE ***
```

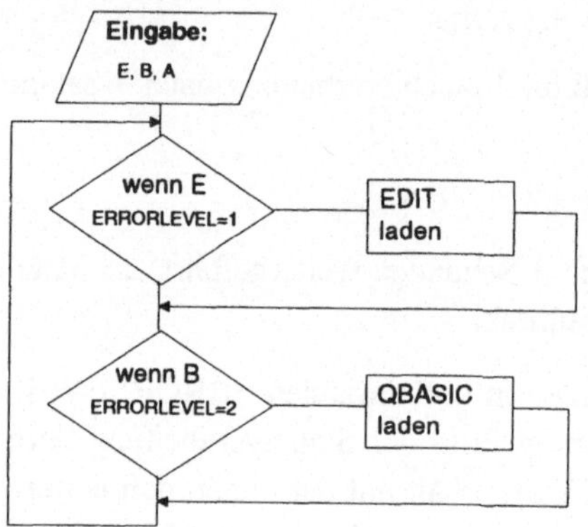

Abb. 7.2: Eine Stapeldatei wird über ein Menü organisiert.

7.5 FILTER

Filter können verwendet werden, um Dateien aus der DOS-Umgebung zu verwalten. Die Filter haben heute an Bedeutung verloren, da durch die leistungsfähige Shell oder mittels Textverarbeitung viele Probleme anders gelöst werden.

7.5.1 SORT-Filter

Mit dem SORT-Filter ist es möglich, z.B. ein Stichwortverzeichnis zu organisieren.

Syntax:

```
SORT [/R] [/+n] [Laufwerk1:] Datei1 [> [Laufwerk2:]
Dateiname2
```

/R   umgekehrte Sortierreihenfolge (von Z nach und
                von 9 nach 0).

/+n   sortiert nach dem Zeichen ab Spalte n.

Beispiel:

Das Stichwortverzeichnis für das DOS-Buch wird kontinuierlich erstellt:

```
Datei: STICH.TXT
RAM-Check 5
booten 5
FORMAT 6
SETUP 6
Sicherungskopie 7
Kopierschutz 7
DISKCOPY 7
DiskCopy 8
RECOVER#1 8
BACKUP 9
```

Die Datei STICH.TXT wird von SORT geladen (<) und in der Datei STICH-SO.TXT abgespeichert (>). Das Zeichen »<« hat die Bedeutung »Hole die Datei STICH.TXT«; das Zeichen »>« »Speichere die sortierte Datei in STICH-SO.TXT ab«.

```
C>SORT < STICH.TXT > STICH-SO.TXT
```

Sollen nur die sortierten Daten ausgedruckt werden, so muß hier der Dateiname nachgestellt werden:

```
C>SORT < STICH.TXT
```

Die sortierten Daten können auch in derselben Datei gespeichert werden. Der gleiche Name wird dann mit dem Zeichen »>« nachgestellt.

```
C>SORT < STICH.TXT > STICH.TXT
```

Die Datei kann auch rückwärts ab der Zeile 5 sortieren werden:

```
C>SORT /r /+5 < STICH-SO.TXT
```

7.5.1 FIND

Mit dem FIND-Filter kann innerhalb einer Textdatei ein bestimmtes Suchwort gefunden werden. Auch diese Funktion kann innerhalb des DOS-Editor EDIT mit Hilfe von »Suchen und Ersetzen« komfortable durchgeführt werden (vgl Kapitel 9).

Syntax:

```
FIND [/V] [/C] [/N] [/I] »Zeichenfolge«
[/Laufwerk:] Dateiname
```

/V   schaltet die Ausgabe aller Zeilen ein, in denen die Zeichenkette *nicht* enthalten ist.

/C   schaltet einen Zähler ein, der ausgibt, wie oft eine Zeichenkette vorhanden ist.

/N   schaltet die Ausgabe der relativen Zeilennummern jeder Zeile ein, welche die definierte Zeichenkette enthält.

/I   ignoriert Groß- und Kleinschreibung.

Aufgabe: In der Datei STICH.TXT soll überprüft werden, ob der Begriff FORMAT vorhanden ist.

```
C>FIND "format" STICH.TXT
---------- STICH.TXT
```

FIND kann den Begriff »format« nicht finden, da der Filter zwischen Groß- und Kleinschreibung unterscheidet.

```
C>FIND "FORMAT" STICH.TXT
---------- STICH.TXT
FORMAT 6
```

Wird nur ein Zeichen eingegeben, so werden alle Zeilen ausgegeben, die mit diesem Zeichen beginnen oder eine definierte Zeichenfolge enthalten.

```
C>FIND "D" STICH.TXT
---------- STICH.TXT
DISKCOPY 7
DiskCopy 8
```

Mit dem SORT-Filter ist es ebenfalls möglich, das Verzeichnis sortiert auszugeben. Das kann bei vielen Eintragungen von Vorteil sein.

```
C>DIR | SORT
```

7.5.3 MORE

Der MORE-Filter wird ähnlich dem /p bei DIR verwendet.

Syntax:

```
MORE
```

Damit wird DOS angewiesen, nach Ausdruck einer Seite die Bildschirmausgabe zu unterbrechen. Die Ausgabe langer Textdateien braucht nun nicht mehr mit Strg+S oder mit der Pause-Taste angehalten werden. Der Parameter MORE wird dem Pipezeichen »|«nachgestellt, das mit Alt+1 2 4 erzeugt wird.

```
C>TYPE SK_STAP3.TXT | MORE
```

Am Ende jeder Seite wird der Text

```
-- Fortsetzung --
```

angezeigt. Nach Tastendruck wird die nächste Seite gelistet. Es können auch mehrere Filter hintereinandergeschaltet werden:

```
C>DIR | SORT | MORE
```

»Pipezeichen« können dazu verwendet werden, um zum Beispiel ein geordnetes Verzeichnis auf dem Drucker auszugeben und damit ein Diskettenetikett zu erstellen:

```
C>DIR | SORT > LPT1
```

Ebenso ist es möglich, vom aktuellen sortierten Verzeichnis eine Datei zu erstellen:

```
C>DIR | SORT > TEST.DAT
```

In der Datei TEST.DAT steht das sortierte Verzeichnis des Verzeichnisses TEST. Wird der Sortiervorgang durch irgendeinen Umstand unterbrochen, kann festgestellt werden, daß DOS temporäre Dateien anlegt.

8 Systemkonfiguration

Die Systemkonfiguration ist ein wichtiger Vorgang, da das Betriebssystem wissen muß, wie viele Dateien verwaltet und welche Treiber geladen werden müssen usw. Alle diese Informationen stehen in der Datei CONFIG.SYS. Diese Datei wird automatisch nach dem Booten geladen.

Freier Speicher unter DOS

Die alten DOS-Versionen (bis einschließlich der Version 4.0) haben den DOS-Kern im konventionellen Speicherbereich untergebracht. Daher wurde vom wertvollen Speicher bis zur 640 KByte-Grenze über 100 KByte für die eigene Verwaltung belegt. Mit Windows ab der Version 3.0 wurde für Windows-Programme die 640 KByte-Grenze endlich durchbrochen.

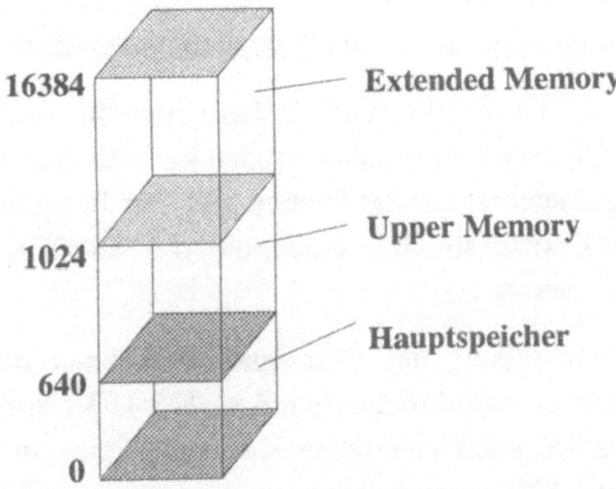

Abb. 8.1: Die Speicheraufteilung

Da ab der Version 5.0 viele Treiber im Bereich des Upper Memory (UMB) untergebracht werden können, bleibt mehr konventioneller Speicher für die Anwendungen. Die Verfügbarkeit von UMB ist abhängig vom Prozessortyp. Bitte beachten Sie, daß einige Rechner diesen Speicher für interne Operationen verwenden. Dann kann dieser Speicher nicht als UMB verwendet werden.

Weitere Informationen zur Speicherverwaltung siehe EMM386.

Neu: Mit dem Programm MEMMAKER können Sie Ihr
               System automatisch optimieren (vgl. Kapitel 13).

8.1 Die Datei CONFIG.SYS

Mit der Datei CONFIG.SYS können Sie Ihr System auf Ihre ganz
persönlichen Bedürfnisse abstimmen. Wenn Sie Ihren Rechner
starten, wird automatisch ein RAM-Check durchgeführt. Die
Überprüfung wird in der Regel am Bildschirm protokolliert. Bei
vielen Rechnern kann dieser Check mit [Esc] oder einer anderen
Taste abgebrochen werden.

Danach versucht der Rechner, das Betriebssystem zu laden.
Höchste Priorität hat hier das Laufwerk A. Ist im Laufwerk A
zwar eine Diskette vorhanden jedoch ohne System, meldet DOS
einen Fehler. Ist im Laufwerk A keine Diskette vorhanden, testet
der Rechner das Laufwerk C, wenn eine Festplatte vorhanden ist.

Die hohe Priorität des Laufwerks A ist deshalb sinnvoll, weil so
z.B. ein anderes Betriebssystem geladen werden kann als das, was
auf der Festplatte gespeichert ist. Sie können z.B. das Betriebssystem DR DOS oder Concurrent DOS laden, obwohl MS-DOS auf
der Festplatte vorhanden ist.

Neu: Der Ladevorgang des Betriebssystems kann durch
               Tastendruck unterbrochen werden. MS-DOS ermög-
               licht es so, unterschiedliche Konfigurationen in der
               CONFIG.SYS einzustellen.

Nach dem Laden des Betriebssystems sucht der Rechner die Datei
CONFIG.SYS im Hauptverzeichnis. Ist diese Datei nicht vorhan-
den, wird der Rechner in einer Standardkonfiguration betrieben.
Danach wird die Datei AUTOEXEC.BAT geladen.

Die Datei CONFIG.SYS wird verwendet, um die DOS-Einstel-
lung zu verändern. Es können mehrere Einstellungen vorgenommen werden. Dies ist wichtig, um das System den individuellen

Bedürfnissen anzupassen. Zum Beispiel kann es sinnvoll sein, den Zugriff auf die Festplatte zu optimieren und dafür Speicher bereitzustellen. In einer anderen Situation ist es notwendig, mit einer großen RAM-Disk zu arbeiten. Mehr dazu in diesem Kapitel.

Da die Datei CONFIG.SYS eine normale Textdatei ist, kann sie mit EDIT erstellt werden.

8.2 FILES

Mit dem Kommando FILES = Anzahl wird die maximale Anzahl der Dateien festgelegt, die DOS verwalten kann. Setzen Sie z.B.

```
FILES = 10
```

können nur 10 Dateien gleichzeitig geöffnet sein. Alle, die schon mal eine Dateiverwaltung in BASIC geschrieben haben, sind sicherlich der Meinung, damit könnte man jedes Problem lösen. Es gibt aber Programme, die mehr als 10 offene Dateien benötigen.

Die Grundeinstellung ohne FILES beträgt acht Dateien, wobei MS-DOS schon drei Dateien selbst belegt. Bleiben demnach nur fünf Dateien für das zu ladende Programm, und das kann für viele Programme zuwenig sein.

Daher kann es notwendig sein, FILES auf 20 oder sogar höher zu setzen, wenn eine bestimmte Software diese große Anzahl von Dateien benötigt. Komplexe Programme wie dBASE IV, Framework oder AutoCAD arbeiten oft mit vielen offenen Dateien gleichzeitig.

Man sollte die Anzahl der zu verwaltenden Dateien nicht einfach auf einen sehr hohen Wert setzen, um für alle Fälle »im grünen Bereich« zu sein, da DOS für die Verwaltung RAM-Speicher zur Verfügung stellen muß. DOS benötigt 48 Byte pro Datei.

Arbeiten Sie also mit einem Programm, das maximal 15 Dateien benötigt, und mit einem anderen, bei dem FILES auf 20 eingestellt sein muß, dann sollte in der CONFIG.SYS der höhere Wert stehen oder Sie müssen zwei unterschiedliche Konfigurationen festlegen (vgl. 13.10 Neues mit CONFIG.SYS).

8.3 BREAK

Mit dem Befehl BREAK können Sie die Wirkung der Tastenkombination ⌷Strg⌷+⌷C⌷ ein- bzw. ausschalten.

Syntax:

```
BREAK [=] ON | OFF
```

Wird nur der Befehl BREAK ohne Parameter aktiviert, wird der Unterbrechungszustand angegeben.

Hinweis: Die Einstellung BREAK=ON verlangsamt das System. Das Gleichheitszeichen wird nur in der Datei CONFIG.SYS verwendet.

Es gibt drei Möglichkeiten des Einsatzes:

1. Wenn Sie während des Lesens von der Tastatur oder Schreibens auf den Bildschirm oder Drucker mit ⌷Strg⌷+⌷C⌷ abbrechen wollen, verwenden Sie: BREAK OFF

2. Wenn Sie während des Lesens von der Tastatur oder eines Datenträgers oder während des Schreibens auf den Bildschirm oder Datenträger mit ⌷Strg⌷+⌷C⌷ abbrechen wollen, verwenden Sie: BREAK ON.

3. Soll die Unterbrechungsmöglichkeit automatisch bei jedem Systemstart erfolgen, so verwenden Sie BREAK=ON.

8.4 BUFFERS

Mit BUFFERS wird in der CONFIG.SYS festgelegt, wie groß der Pufferspeicher des Systems sein soll.

Syntax:

```
BUFFERS = n [,m]
```

n   Anzahl der Laufwerkspuffer und im Bereich von 1 bis 99 gültig.

m   definiert den Cache-Speicher, wenn SMART-DRIVE nicht eingesetzt wird. Dieser Parameter sollte *nicht* gesetzt werden, wenn mit einem Cache-Utility gearbeitet wird. Gültige Werte liegen zwischen 0 und 8.

Beispiel:

```
BUFFERS = 30,8
```

Festplattengröße	BUFFER-Größe
< 40 MByte	20
40 - 80 MByte	30
80-120 MByte	40
> 120 MByte	50

Tabelle 8.1: Richtwerte für BUFFERS

Der optimale Wert für BUFFERS läßt sich oft nur durch Austesten feststellen, da es bei einer Software günstig ist, BUFFERS auf 10, bei einer anderen, den Wert auf 20 zu setzen.

Je mehr Puffer vorhanden ist, um so schneller kann DOS auf die Daten zugreifen. Dennoch kann auch ein zu großer Puffer nachteilig sein, da DOS nun mehr Zeit braucht, den Puffer zu durchsuchen. Eine günstige Einstellung ist ein Wert zwischen 15 und 20. Jeder Puffer kann 528 Byte fassen.

Testen Sie Ihr System mit den unterschiedlichen Software-Paketen und verschiedenen Einstellungen, und Sie werden den optimalen Wert selbst ermitteln.

Eine große Pufferanzahl ist von Vorteil bei der Verwendung:

⇒ von Datenbanken mit wahlfreiem Zugriff,

⇒ von Programmen, die häufig auf die Festplatte zugreifen,

⇒ von komplexen Pfaden,

⇒ bei häufiger Anwendung von Datensicherungsprogrammen.

Hinweis: Es ist auch möglich, die Anzahl der Sektoren für einen Lese- und Schreibzugriff festzulegen. Hier kann ein Wert zwischen 1 und 8 angegeben werden. Jeder Puffer belegt zirka 532 Byte.

Ab der Version 5.0 wird automatisch der Speicher des Extended Memory verwendet, wenn DOS dort ebenfalls abgelegt ist:

```
DOS = HIGH
```

8.5 COUNTRY

Mit COUNTRY werden die landesspezifischen Parameter wie Dezimalzeichen, Zeit-, Datums-, Währungs-, Großschreibungs-, Vergleichs- und Faltungsformate gesetzt.

Syntax:

```
COUNTRY = xxx,[yyy][Datei]
```

xxx   definiert den Country-Code.

yy   definiert die Code-Seiten.

Datei   definiert die Datei mit dem entsprechenden Pfad.

Beispiel:

```
COUNTRY = 033
```

8.6 Treiber mit DEVICE einbinden

Mit dem Schlüsselwort DEVICE werden Treiber geladen.

Syntax:

```
DEVICE = Treiber
```

Treiber   ist die Datei ANSI.SYS, DRIVER.SYS, PRIN-TER.SYS, RAMDRIVE.SYS, EMM386.SYS, HI-MEM.SYS und SMARTDRIVE.SYS.

Beispiel:

```
DEVICE = ANSI.SYS
```

8.6.1 ANSI.SYS

Einer der wichtigsten Treiber ist ANSI.SYS. ANSI steht für American National Standard Institute. Dieser Treiber dient zur Einstellung von Tastatur und Bildschirm. Mit den PROMPT-Befehlen ist es nun möglich, den Cursor zu positionieren, den Bildschirm zu löschen, die Bildschirmfarben zu ändern usw.

Das nachfolgende Beispiel stellt die Hintergrundfarbe auf Rot um:

Beispiel:

```
PROMPT $e[41m
```

8.6.2 Der Treiber RAMDRIVE.SYS

Mit dem Treiber RAMDRIVE.SYS (alte Version = VDISK.SYS) ist es möglich, ein virtuelles Laufwerk einzurichten. Dieses simulierte Laufwerk wird auch RAM-Disk genannt.

```
DEVICE = RAMDRIVE.SYS Größe Sektorgröße Einträge
         [/e] [/A]
```

Größe   legt die Größe des virtuellen Laufwerks fest. Gültige Angaben liegen zwischen 16 und 4096. Der Standardwert beträgt 64 KByte.

Sektorgröße   legt die Sektorgröße fest. Gültige Angaben sind
                   128, 256 und 512 Byte. Wenn Sie einen Wert für
                   die Sektorgröße angeben, müssen Sie auch die
                   Größe des virtuellen Laufwerks festlegen.

Einträge   legt fest, wie viele Dateien maximal im Stamm-
                   verzeichnis eingetragen werden können. Gültige
                   Werte liegen zwischen 2 und 1024. Die Standard-
                   einstellung beträgt 64. Wenn Sie einen Wert für
                   die Einträge angeben, müssen Sie auch die Sek-
                   torgröße und die Größe des virtuellen Laufwerks
                   festlegen.

/e   legt fest, daß der Erweiterungsspeicher verwen-
                   det wird.

/a   legt fest, daß der Expansionsspeicher verwendet
                   wird.

Daten direkt in den RAM-Speicher abzulegen, ist eine elegante
und schnelle Methode. Die RAM-Disk wird wie ein Laufwerk angesprochen. Sie ist wesentlich schneller als jede Festplatte. Der
Nachteil ist jedoch, daß bei einem Systemabsturz sämtliche Daten
verlorengehen. Für eine Zwischenablage ist eine RAM-Disk be-
stens geeignet.

Greifen Programme häufig auf Dateien zu und es ist keine Festplatte vorhanden, lohnt es sich, diese Dateien in der RAM-Disk
abzulegen.

```
DEVICE = C:\DOS\RAMDRIVE.SYS 100
```

Der Parameter 100 legt fest, daß 100 KByte RAM-Speicher für
das virtuelle Laufwerk festgelegt werden.

Da das System weiß, wie viele »echte« Laufwerke vorhanden
sind, wird dem virtuellen Laufwerk automatisch der nächste freie
Laufwerkbuchstabe zugeordnet.

Aufgabe: Sie haben einen Rechner mit einem Laufwerk (A) und einer Festplatte (C). Demnach ist die RAM-Disk mit dem Buchstaben D anzusprechen. Wird eine weitere RAM-Disk installiert, wird der nächste Buchstabe im Alphabet verwendet:

```
DEVICE = C:\DOS\RAMDRIVE.SYS 128
```

Testen Sie die Geschwindigkeit einer RAM-Disk im Vergleich zu einem Diskettenlaufwerk oder einer Festplatte!

Es werden 58 Dateien mit einer Gesamtkapazität von 3877 Byte von Laufwerk A nach C, von C nach C und von D nach E kopiert:

Laufwerk	Zeit in *sec*
A-C	58
C-C	29,9
C-D	9,2
D-E	3,0

Tabelle 8.2: Geschwindigkeitsvergleich der Laufwerke (getestet mit einem 8 MHz AT)

Die RAM-Disk wird wie ein Laufwerk angesprochen:

```
C>COPY *.BAT D:
C>D:
D>COPY *.BAT E:
F>DIR QB*
 Datenträger in Laufwerk F ist MS-RAMDRIVE
 Verzeichnis von F:\
QB45DT       BAT       30 03-02-90      11:44
I            BAT      101 28-11-90       6:23
     .

     .

QBXCHRT BAT 322 09-09-90 11:57
 105 Datei(en) 1238 Byte
 6940 Byte frei
```

Eine RAM-Disk kann ebenfalls mit CHKDSK überprüft werden:

```
C>CHKDSK D:
```

In der DOS-Shell wird die RAM-Disk ebenfalls als Laufwerk gekennzeichnet:

Mit dem Parameter /E kann bei einem AT-Rechner der Speicher oberhalb der 640 KByte Grenze für die RAM-Disk verwendet werden. Dieses ist immer sinnvoll, wenn Erweiterungsspeicher vorhanden ist. Um diesen zu nutzen, muß zuvor HIMEM.SYS geladen sein.

```
DEVICE=C:\DOS\RAMDRIVE.SYS 1024 512 1024 /E
```

Mit /E wird der Erweiterungsspeicher oberhalb 1 MByte benutzt. Soll die RAM-Disk im Expansionsspeicher benutzt werden, wird der Parameter /A verwendet. Dieses setzt jedoch voraus, daß vor der eigentlichen Einrichtung der RAM-Disk der Treiber EMM-386.EXE geladen werden muß.

Der Einsatz einer RAM-Disk

Sie arbeiten vielleicht häufig mit WORD 5.0. Da bei der Überprüfung der Rechtschreibung sehr oft auf die Dateien

```
UP-DATE.GE
```

zugegriffen werden muß, wird eine RAM-Disk mit 80 KByte angelegt. Bei Aufruf der Stapeldatei WORD werden automatisch die obengenannten Dateien in die RAM-Disk kopiert. In WORD muß nun nur noch die Angabe der Rechtschreibung von vielleicht C:\WORD5 auf D: umgestellt werden.

Mit einem 386-Rechner und 1 MByte Expanded Memory kann z.B. das gesamte Lexikon mit 700 KByte in die RAM-Disk abgelegt werden.

8.7 DOS

Mit der Anweisung DOS, in der Datei CONFIG.SYS, wird MS-DOS angewiesen, den DOS-Kern in den konventionellen Speicher oder in das Extended Memory zu laden.

Syntax:

```
DOS = UMB | NOUMB
DOS = HIGH | LOW
```

UMB, NOUMB	legt fest, ob Programme in einen reservierten Speicher geladen werden. Die Standardeinstellung ist NOUMB.
HIGH, LOW	legt fest, ob der DOS-Kern in das Extended Memory (HIGH) oder unterhalb der 640 KByte-Grenze (LOW) geladen wird. Die Standardeinstellung ist LOW.

MS-DOS auf einem
80286-Rechner

MS-DOS auf einem
80386-Rechner

MS-DOS auf einem 80286-Rechner	MS-DOS auf einem 80386-Rechner	
Extended Memory High Memory Area	Extended Memory High Memory Area	1 MB bis 16 MB
Upper Memory Area	Upper Memory Area Speicherresidente Programme Gerätetreiber usw.	640 KB - 1MB
Programme Netzwerktreiber MS-DOS ca. 19 KByte	Programme MS-DOS ca. 27 KByte	0-640 KByte

Abb. 8.2: Die Speicheraufteilung

Hinweis: Ist Ihr Rechner mit Extended Memory ausgerüstet, sollten Sie Teile des DOS mit der Anweisung DOS = HIGH in den HMA Bereich legen. In der Literatur wird dieser Speicher auch häufig als »Hoher Speicherbereich« oder »Upper Memory Block« (UMB) bezeichnet.

Mit der Anweisung DOS = UMB können Sie, in Zusammenhang mit dem LOADHIGH-Befehl, Programme in einen reservierten Speicherbereich laden. Weitere Informationen finden Sie unter LOADHIGH.

Es ist ebenfalls möglich, beide Parameter zu setzen:

```
DEVICE = C:\DOS\HIMEM.SYS
DOS = UMB, LOW
DOS = HIGH, UMB
```

8.8 Beispiel für eine Systemkonfiguration

Die Datei CONFIG.SYS muß entweder im Hauptverzeichnis stehen, damit MS-DOS diese sofort nach dem »Bootvorgang« laden kann, oder es muß ein entsprechender Pfad gesetzt sein. Die Datei CONFIG.SYS könnte wie folgt aussehen:

```
BREAK = ON
DEVICE = ANSI.SYS
FILES = 20
BUFFERS = 20
```

8.9 EMM386

Mit dem Befehl EMM386 können Sie Treiber und Extended Memory als Expanded Memory verwalten. Voraussetzung hierfür ist ein 386-Rechner (oder höher).

Syntax:

```
EMM386 [on|off|auto] [w=on | w=off] [/y=Pfad]
```

on | off | auto   schalten den Treiber ein (on), aus (off) oder in den Auto-Modus (auto).

w=on w=off   ermöglicht die Verwendung eines Weitek-Coprozessors. Wird dieser Prozessor nicht angetroffen, erfolgt die Fehlermeldung: »Weitek Coprozessor nicht installiert«.

/y= Pfad   definiert den Pfad, in welchem Verzeichnis sich die Datei EMM386.EXE befindet.

Bemerkung:

Ein Expanded-Memory-Manager ist ein Programm, welches Extended-Memory als Expanded-Memory simuliert. Programme können diesen simulierten Expanded Memory wie physikalischen Expanded Memory verwenden. Diese Möglichkeiten können aber nur benutzt werden, wenn mindestens ein 386-Prozessor (oder höher) vorhanden ist.

Die Datei EMM386.EXE sollte nur dann geladen werden, wenn sie auch verwendet wird. Sie sollte demnach nicht grundsätzlich in der AUTOEXEC.BAT stehen.

Im Zusammenhang mit WINDOWS ab der Version 3.0 oder höher, benötigen Sie dieses Tool nicht, da WINDOWS selbst Expanded Memory simulieren kann. Weitere Informationen entnehmen Sie ihrem WINDOWS-Handbuch.

Expanded Memory kann mit EMM386 nur simuliert werden, wenn Extended Memory vorhanden ist. Soll z.B. ein Programm im Expanded Memory laufen und es werden dafür 256 KByte benötigt, so müssen Sie mit EMM386 die 256 KByte bereitstellen. Die Größe des Speichers wird in der Datei CONFIG.SYS festgelegt (s.a. EMM386.SYS).

```
DEVICE=C:\DOS\EMM386.EXE
```

Diese Anweisung muß in der Datei CONFIG.SYS nach der Zuweisung von HIMEM.SYS stehen. Eine weitere Möglichkeit des Einsatzes von EMM386 ist im Zusammenhang mit der UMB-Funktion zu sehen. Viele Rechner mit einem 386-Prozesssor oder höher haben 384 KByte reservierten Speicher für die Videokarte, den Disk-Kontroller usw. Nachdem diese Hardware-Controller geladen sind, ist meist noch freier Speicher vorhanden. Diesen Speicher bezeichnet man als »Upper Memory Blocks« (UMBs).

Ab DOS-5.0 kann mit den Parametern DEVICEHIGH und LOADHIGH dieser Speicher genutzt werden.

8.10 LOADHIGH

Mit dem LOADHIGH-Befehl wird ein Programm in einen reservierten Speicherbereich geladen. Die Abkürzung LH ist gültig.

Syntax:

```
LOADHIGH [Laufw:] [Pfad] Dateiname
```
Laufw: ist die Angabe des Laufwerks, von dem die Datei Dateiname geladen werden soll.

Pfad   ist der gültige Pfad.

Dateiname   ist das Programm, das geladen werden soll.

Hinweis: Um den Befehl LOADHIGH verwenden zu können, muß in der Datei CONFIG.SYS die Variable DOS auf UMB gesetzt und der Treiber EMM386.EXE geladen sein:

```
DOS = UMB
```

Ist nicht genügend reservierter Speicher vorhanden, lädt MS-DOS das Programm in den konventionellen Speicher.

Um Programm im hohen Speicherbereich verwalten zu können, benötigen Sie einen Memory Manager (EMM386.EXE) und einen Rechner mit einem 386-Prozessor oder höher. Bevor EMM-386.EXE installiert werden kann, muß der Erweiterungsspeicher-Manager HIMEM.SYS geladen werden.

8.11 LOADFIX

Der LOADFIX Befehl wird verwendet, um Programme zu laden, die üblicherweise nicht im konventionellen Speicher geladen werden.

Syntax:

```
LOADFIX Programmname
```

Hinweis:	Sollte beim Start eines Programms der Fehler »Packed file corrupt« auftreten, so starten Sie das Programm abermals mit dem LOADFIX-Befehl. Dieser Fehler kann im Netzwerk-Betrieb gemeldet werden.

8.12 SETVER

Mit dem Befehl SETVER ist es möglich, ab MS-DOS 5.0 andere Versionsnummern zu simulieren.

Syntax:

```
SETVER Laufw:[Dateiname][n.mm]
SETVER Laufw:[Dateiname][/delete]
```

Laufw:	definiert das Laufwerk, welches die MS-DOS-Datei MSDOS.SYS enthält.
Dateiname	ist der Name der auszuführenden EXE- oder COM-Datei, die nur unter einer speziellen DOS-Version läuft.
n.mm	definiert die Versionsnummer, z.B. 3.3 oder 4.01.
/delete	löscht die definierte Datei aus der Versionstabelle.
Hinweis:	Starten Sie SETVER nur mit der Angabe des Laufwerks, so listet SETVER die aktuelle Versionstabelle mit Angabe der Datei und der Versionsnummer, z.B.:

```
EXEL.EXE     4.01
WIN200.BIN   3.40
REDIR40.EXE  4.00
```

Soll ein Programm in die Versionstabelle hinzugefügt werden, so wird der Dateiname mit der entsprechenden Versionsnummer an SETVER übergeben, z.B.:

```
SETVER MEINPROG.EXE 3.2
```

SETVER gibt eine entsprechende Warnung aus, wenn das Programm nicht von Microsoft speziell auf diese Version angepaßt wurde. Weiter wird die Information ausgegeben, ob die Versionstabelle erfolgreich geändert wurde. Das Programm wird nun nach dem »Booten« intern mit der MS-DOS-Version 3.2 gestartet. MS-DOS 6.0 simuliert nun intern die Version 3.2. Das Programm müßte anstandslos laufen.

Starten Sie SETVER erneut, können Sie feststellen, daß das Programm MEINPROG.EXE in der Versionstabelle vorhanden ist.

Einzelne Programme können mit dem Parameter /delete wieder gelöscht werden, z.B.:

```
SETVER MEINPROG.EXE /delete
```

Es gibt insgesamt 14 Beendigungscodes:

0   SETVER wurde erfolgreich ausgeführt.

1   Es wurde eine unzulässige Befehlsoption angegeben.

2   Der Dateiname ist ungültig.

3   Es steht nicht genügend Speicher zur Verfügung.

4   Die Versionsnummer wurde in einem falschen Format angegeben.

5   Der Eintrag konnte in der Tabelle nicht gefunden werden.

6   SETVER konnte die Datei SETVER.EXE nicht finden.

7   Die Laufwerksbezeichnung ist ungültig.

8   Es wurden zu viele Parameter angegeben.

9   Es fehlen Parameter in der Befehlszeile.

10 Es wurde ein Fehler beim Lesen von SETVER.EXE festgestellt.

11 SETVER.EXE ist defekt.

12 Die definierte Datei SETVER.EXE unterstützt keine Versionstabelle.

13 Der neue Eintrag kann nicht in die Versionstabelle geschrieben werden, da kein Platz vorhanden ist.

14 Es wurde ein Fehler beim Schreiben in die Datei SET-
VER.EXE festgestellt.

8.13 SWITCHES

Mit dem Befehl SWITCHES können voreingestellte Gerätetreiber
in der Datei CONFIG.SYS verändert werden.

Syntax:

```
SWITCHES = /K | /W
```

/K   weist DOS an, eine konventionelle Tastatur anzu-
nehmen, obwohl eine erweiterte Tastatur vorhan-
den ist.

/W   ermöglicht die Verwendung der Datei WIN-
A20.386 im Zusammenhang mit MS-WINDOWS
in einem anderen Verzeichnis als im Stammverzeichnis.

Arbeiten Sie mit WINDOWS und wollen die Datei WINA20.386
nicht im Stammverzeichnis abspeichern, müssen Sie in der Datei
CONFIG.SYS folgenden Eintrag haben:

```
SWITCHES = /K
```

Darüberhinaus muß in der Initialisierungsdatei von WINDOWS
(SYSTEM.INI) folgender Befehl stehen.

```
DEVICE=[Laufwerk:][Pfad]WINA20.386
```

Weitere Informationen entnehmen Sie Ihrem WINDOWS-Handbuch.

9 EDIT

Mit EDIT wird der DOS-Editor aufgerufen, der ab der Version 5.0 den etwas »verstaubten« EDLIN ersetzt. Wenn Sie bereits mit QBASIC vertraut sind, brauchen Sie dieses Kapitel nicht zu lesen, da die Oberfläche zum QBASIC-Interpreter gehört und somit identisch mit der des QuickBASIC-Compilers ist. Der Editor läßt sich mit der Maus oder über Hot-Keys bedienen.

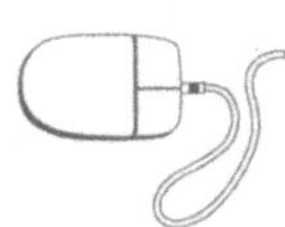

Hot-Keys sind »Heiße-Tasten«. Damit ist gemeint, daß man z.B. mit [Alt]+[D] das DATEI-Menü aktivieren kann, mit [Alt]+[B] wird demnach das BEARBEITEN-Menü angewählt usw. Die weiteren Befehle werden mit den Cursorsteuertasten [↑] [↓] [→] und [←] oder mit dem markierten Buchstaben angewählt.

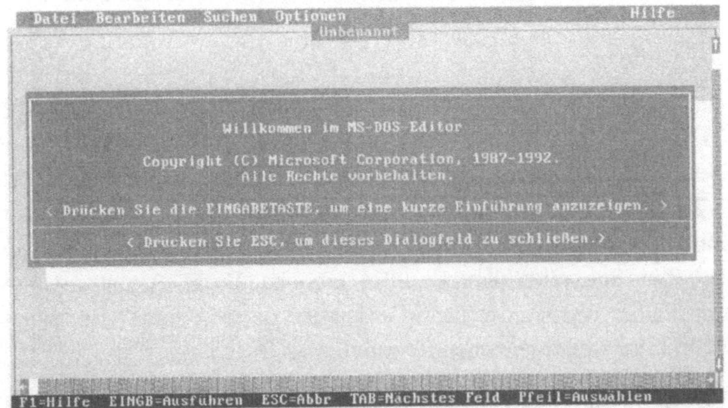

Abb. 9.1: Eingangsmaske von EDIT

Syntax:

```
EDIT [Dateiname] [/B] [/G] [/H] [NOHI]
```
Dateiname   ermöglicht die Übergabe eines Dateinamen. Die Datei wird dann sofort mit dem Editor zusammen geladen.

/B   ermöglicht die Verwendung eines monochromen
              Schwarzweiß-Monitors im Zusammenhang mit
              einer Color-Karte (CGA, VGA usw.).

/G   steuert den Bildschirm im schnellsten Modus an.
              Sollten Sie mit einer CGA-Karte arbeiten und ein
              Flimmern oder Flackern feststellen, so ist die
              Hardware nicht in der Lage, die Option /G voll
              auszunutzen. Starten Sie EDIT ohne den Parame-
              ter /G.

/H   stellt die Hardware auf die maximale Anzahl von
              Zeilen um (z.B. 60 Zeilen bei einer VGA-Karte).

/NOHI   ermöglicht die Verwendung eines Monitors ohne
              High-Intensity (ohne intensive Anzeige).

Drücken Sie nun ⏎ oder klicken Sie mit der Maus das Feld

```
»Drücken Sie die EINGABETASTE, um eine kurze Einführung
anzuzeigen«
```

an, erhalten Sie eine Einweisung in den Editor. Die interaktive
Hilfe kann jederzeit mit der Funktionstaste F1 eingeblendet werden. Die besonders hervorgehobenen Felder <Überblick> und
<Tastatur> können mit der Maus angeklickt (kurzes Drücken der
linken Maustaste) oder mit der ⭾-Taste angewählt werden. So
erhalten Sie weiterführende Informationen. Diese gekennzeichne-
ten Felder werden Sie häufig antreffen. Es sind immer Referenz-
wörter zu weitergehenden Informationen.

Der DOS-Editor hat eine Kopfzeile (auch Menüleiste genannt) mit
den Möglichkeiten, die folgenden Befehle anzuwählen:

⇒ DATEI

⇒ BEARBEITEN

⇒ SUCHEN

⇒ OPTIONEN

Es werden entsprechende Fenster (Pull-Down-Menüs) herausgeklappt, über die weitere Befehle angewählt werden können. Pull-

Down-Menüs werden mit der Maus oder mit [Alt] und dem ersten Buchstaben (z.B. [Alt]+[D] für DATEI) angewählt.

Im Text können Sie sich, wie allgemein bei den Standard Software-Paketen gewohnt, mit den Cursorsteuertasten [←] [→] [↓] [↑] [Bild↑] [Bild↓] usw. bewegen oder mit der Maus über die rechte und untere Bildlaufleiste. Die Definition der Fachausdrücke wie Bildlaufleisten, Menüleiste usw. entnehmen Sie dem Kapitel 11. Dort sind alle Begriffe an der Abbildung 11.1 erklärt. In der Fußzeile wird im Dialog eine Kurzmitteilung ausgegeben, welche Taste gedrückt werden soll oder was der Menüpunkt bewirkt.

Zum Beispiel bei [Alt]+[D] [N]:

```
Entfernt momentan geladene Datei aus Speicher
```

Wird über das Pull-Down-Menü DATEI der Menüpunkt »Öffnen« angewählt, wird die folgende Information ausgegeben:

```
Lädt neue Datei in Speicher
```

In der Fußzeile rechts wird die Zeile und Spalte ausgegeben. Eine Zeile kann maximal 255 Zeichen lang sein, obwohl sie eigentlich nicht länger als 80 Zeichen sein sollte, damit Sie den Überblick behalten. Wird nach 80 Zeichen in den Bereich außerhalb des normalen Bildschirms gegangen, kann dies an der unteren Bildlaufleiste festgestellt werden. Das dunkle Rechteck springt nun in das zweite Feld.

9.1 Datei-Menü

Mit [Alt]+[D] wird das Pull-Down-Menü DATEI herausgeklappt. Es ist nun möglich, mit den Cursorsteuertasten, durch Anklicken der Maus oder durch Eingabe des hervorgehobenen Buchstabens die Teilmenüs

```
Neu, Öffnen, Speichern, Speichern unter, Drucken,
Beenden
```

anzuwählen. Ebenso können die Cursorsteuertasten verwendet werden.

9.1.1 Neu

Mit »Neu« wird die im Editor befindliche Datei gelöscht und der
Programmname »Unbenannt« ausgegeben. Der Text wird gelöscht, und der Cursor wird in die Home-Position (oben links)
gesetzt. Wurde eine Datei geändert und nicht abgespeichert,
fragt EDIT, ob die Datei gespeichert werden soll.

9.1.2 Datei Öffnen

Nach Anwahl DATEI • ÖFFNEN wird eine Dialogbox eingeblendet. Im Feld »Dateiname« kann nun ein Dateiname oder mit
*.TXT können zum Beispiel alle Textdateien im aktuellen Ver-
zeichnis angewählt werden.

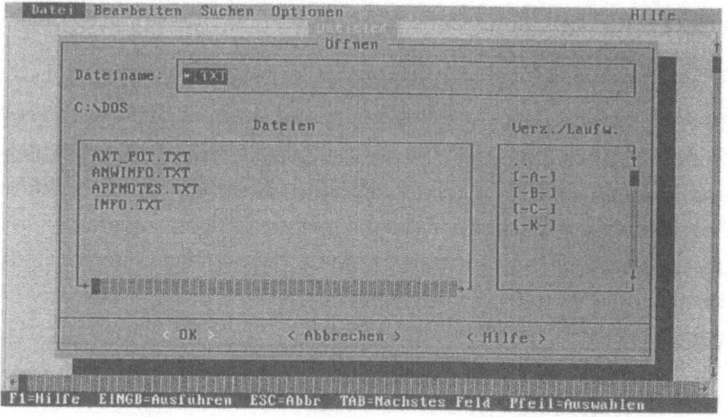

Abb. 9.2: Die Dialogbox »Öffnen«

Die Dateien werden im Feld »Dateien« ausgegeben. Das gewünschte Programm kann nun mittels Maus oder ⏎,
Cursorsteuertaste angewählt werden. Das aktuelle Programm
wird im Fenster »Dateiname« ausgegeben. Befindet sich das zu
ladende Programm in einem anderen Verzeichnis oder soll vom
Laufwerk A geladen werden, so wird in dem Fenster
»Verz./Laufw.« der gewünschte Punkt angesteuert. Auch hier
kann mittels Maus der Bildschirm über die rechte und untere
Bildlaufleiste gescrollt werden.

Mit dem Feld <Hilfe> wird die interaktive Hilfe aufgerufen. Das Tastenfeld <Abbruch> oder Esc bricht den Vorgang ab. Die Dialogbox wird weggeblendet. Mit dem Tastenfeld <Ok> oder ⏎ wird das angewählte Programm geladen.

9.1.3 Speichern

Mit »Speichern« wird das im Speicher befindliche Programm auf dem Datenträger im aktuellen Verzeichnis gespeichert. Die Dialogbox »Speichern« ermöglicht eine komfortable Eingabe. Mit dem Fenster »Verz./Laufw.« kann das Laufwerk oder das gewünschte Verzeichnis angewählt werden.

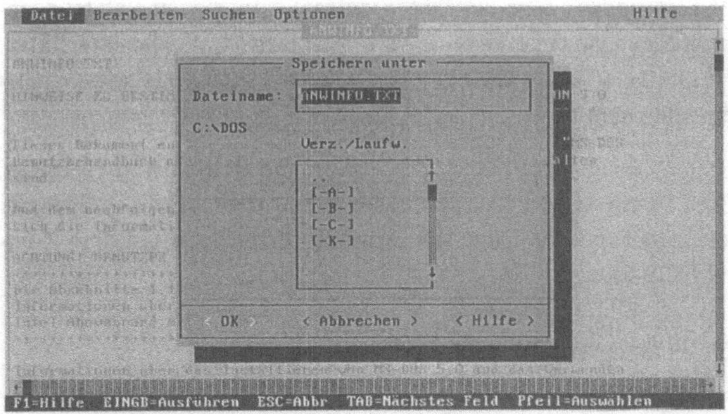

Abb. 9.3: Die Dialogbox »Speichern unter«

9.1.4 Speichern unter

Über den Menüpunkt »Speichern unter« ist es möglich, einer bereits bestehenden Datei einen neuen Dateinamen zu geben. Existiert die Datei, wird der folgende Hinweis ausgegeben:

```
Datei existiert bereits. Überschreiben?
```

9.1.5 Drucken

Über den Menü-Punkt »Drucken« ist es möglich, einen markierten Text oder die gesamte Datei auszudrucken.

Ein Text wird mit ⇧ und den Cursorsteuertasten und Bild↑ sowie Bild↓ markiert. Ein Text kann auch durch Drücken der linken Maustaste markiert werden. Die Maus wird dann bis zum Ende der Markierung gezogen. Der markierte Text wird farbig oder bei einem monochromen Monitor invers ausgegeben.

9.1.6 Beenden

Mit »Beenden« wird der Editor verlassen. Wurde eine Datei geändert oder eine neue Datei nicht abgespeichert, meldet dies EDIT. Wurde kein Dateiname vergeben, wird die Dialogbox »Speichern« eingeblendet.

Es gibt keine Möglichkeit, den Editor nur kurzfristig zu verlassen. Dies ist nur möglich, wenn Sie den Editor über den Task-Swapper aktiviert haben. Weitere Informationen entnehmen Sie dem Kapitel DOS-Shell.

9.2 Bearbeiten-Menü

Über das BEARBEITEN-Menü wird der Editor bedient. Sie können dort Texte löschen, einfügen usw. Alle Arbeiten können auch über die Tastatur mittels Hot-Keys ausgeführt werden.

9.2.1 Der Editor

Mit dem BEARBEITEN-Menü oder direkt mittels Hot-Keys werden Texte gelöscht, eingefügt oder in die Zwischenablage (häufig auch als Papierkorb bezeichnet) gegeben.

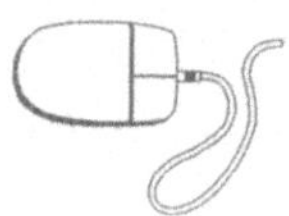

Der gewünschte Text wird markiert, indem man die linke Maustaste drückt und die Maus bis zum Textende zieht. Nun kann der Text mit der Entf gelöscht oder mit ⇧+Entf in den Papierkorb kopiert werden. Mit der Einfg wird der Text aus dem Papierkorb an die Stelle kopiert, an der sich der Cursor befindet. Alle diese Vorgänge können auch über das BEARBEITEN-Menü erledigt werden. Befindet sich ein Text im Zwischenspeicher, so wird dies farbig gekennzeichnet. Der Befehl »Einfügen« kann z.B. aktiviert werden, da Daten im Zwischenspeicher vorhanden sind.

Es ist sogar möglich, Texte aus dem HILFE-Menü in den Papierkorb zu kopieren und in die Arbeitsebene zu holen. Sie könnten die wichtigsten Hinweise zusammenstellen und ausdrucken.

Der Editor wird durch Drücken von Einfg in den Überschreiben-Modus geschaltet. Der Cursor ist jetzt groß und blinkt. Wird ein Wort oder ein Satz eingefügt, so wird der bereits bestehende Text überschrieben.

Durch abermaliges Drücken Einfg wird vom Überschreiben- in den Einfüge-Modus zurückgeschaltet. Der Cursor ist nun wieder klein. Einzelne Wörter oder Buchstaben werden mit der Taste Entf gelöscht. Die Zeichen rechts vom Cursor werden dann einzeln entfernt. Mit der Rückschritt-Taste ⬅ (auch Backspace-Taste genannt) werden dagegen einzelne Zeichen links vom Cursor gelöscht.

Abb. 9.4 Das Zeichen t wird mit der Backspace-Taste gelöscht

9.2.2 Das Bearbeiten-Menü

Über HILFE • TASTATUR • TASTENKURZKOMBINATIONEN erhalten Sie eine Übersicht über alle Tastaturkombinationen. Mit Strg+Y können Sie z.B. eine Zeile löschen.

Mit Alt+B wird das Pull-Down-Menü BEARBEITEN herausgeklappt.

Ausschneiden löscht den markierten Text und speichert ihn im Papierkorb.

Kopieren   kopiert einen markierten Text in den Papierkorb,
                  ohne ihn zu löschen.

Einfügen   fügt einen Text aus dem Papierkorb an die Stelle,
                  an der sich der Cursor befindet.

Löschen   löscht einen markierten Text, ohne ihn in dem Pa-
                  pierkorb zu speichern.

Es ist nur möglich, einen Text im Papierkorb abzuspeichern. Wird
ein neues Wort dort abgelegt, wird der alte Text automatisch gelöscht. Mit einem kleinen Trick kann man dieses Problem aber
umgehen:

Hinweis: Sie haben einen Satz im Papierkorb abgelegt und
                  wollen einen zweiten dazu kopieren. Dazu muß der
                  erste Satz oberhalb oder unterhalb des zweiten Satzes
                  im Editor abgelegt werden. Nun können beide Sätze
                  in dem Papierkorb abgespeichert werden.

9.3 Suchen-Menü

Mit ⟨Alt⟩+⟨S⟩ wird das Pull-Down-Menü SUCHEN herausgeklappt.
Sie können dort die folgenden Befehle anwählen:

```
Suchen, Weitersuchen und Ändern
```

9.3.1 Suchen

Mit »Suchen« wird ein definiertes Wort gesucht. Das Wort wird
über eine Dialogbox aufgenommen. Steht der Cursor bereits auf
dem Suchwort, so wird es automatisch in die Dialogbox übernommen. Sollen mehrere Wörter oder ein ganzer Satz gesucht
werden, wird der Text markiert und damit automatisch in die
Dialogbox übernommen. Sie können sich dadurch viel Tipparbeit
ersparen. Es können bis zu 127 Zeichen aufgenommen werden.

Groß-/Kleinschreibung wird mit ⟨Alt⟩+⟨G⟩ oder ⟨⇄⟩ erreicht und mit
der Leertaste ein- und ausgeschaltet. Ein X kennzeichnet, daß dieser Parameter aktiviert ist. Ist »Groß-/Kleinschreibung« ausge-

schaltet, wird die Groß- und Kleinschreibung beim Suchwort nicht berücksichtigt. Wird z. B. das Wort *test* gesucht, so findet EDIT auch die Worte *Test* und *TEST*.

»Ganzes Wort« wird mit [Alt]+[W] oder mittels [⇄] angesteuert und umgeschaltet. Ist »Ganzes Wort« nicht eingeschaltet, findet EDIT die Worte *Textverarbeitung*, *Textil* und *Basistext*, wenn das Suchwort *text* heißt (Ganzes Wort »aus«). Ist »Ganzes Wort« auf »ein« geschaltet, wird nur das Wort *text* gefunden.

9.3.2 Weitersuchen

»Weitersuchen« wiederholt den Suchvorgang. Mit der Funktionstaste [F3] kann nun der gesamte Text durchsucht werden.

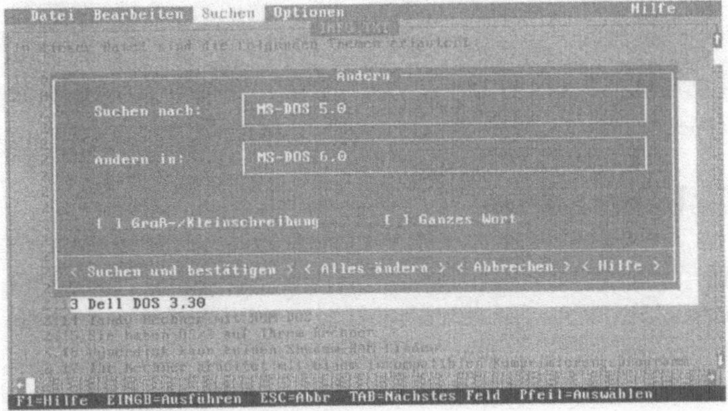

Abb. 9.5: Die Dialogbox »Ändern«

9.3.3 Ändern

Mit »Ändern« wird ein Text gesucht und durch einen zweiten Text ersetzt. Die beim Menü-Punkt »Suchen« beschriebenen Möglichkeiten gelten auch hier.

»Suchen und bestätigen« fragt vor jedem Austausch, ob das Wort gewechselt werden soll. »Ändern« führt den Austausch ohne Abfrage durch.

»Überspringen« führt den Austausch **nicht** durch und sucht das nächste Wort.

»Abbrechen«   bricht den Suchen- und Ersetzen-Vorgang ab.
                   Die [Esc]-Taste ist ebenfalls gültig.

»Hilfe«   gibt eine interaktive Hilfe aus.

Arbeiten Sie mit einem Compiler, der keinen leistungsfähigen
Editor hat, so können Sie EDIT verwenden, um große
Programme zu schreiben. Die Variablen können z.B. zum Schluß
mit dem Menü-Punkt »Suchen und Ersetzen« in eine »lesbare«
Form gebracht werden:

Beispiel:

```
Suche die Variable »String«
und ersetze sie durch »String_nicht_gefunden«
```

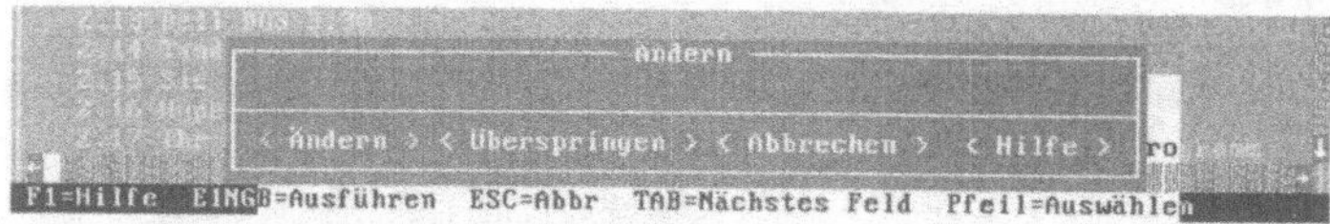

Abb. 9.6: Die Optionen der Dialogbox »Ändern«

9.4 Optionen-Menü

Mit [Alt]+[O] wird das Pull-Down-Menü OPTIONEN herausgeklappt. Hier haben Sie die Möglichkeit die Bildschirmanzeige zu
ändern und den Pfad für die Hilfe festzulegen.

9.4.1 Bildschirmanzeige

Mit »Bildschirmanzeige« haben Sie die Möglichkeit, die Farben des Editors zu verändern. Besitzen Sie einen monochromen Monitor, so können Sie die Vorder- und Hintergrundfarben nur auf hell, intensiv und dunkel umstellen.

Wird der Hintergrund auf »hell« umgeschaltet, hat dies den Nachteil, daß ein leichtes »Flackern« die Bildschirmarbeit stört. Die neue Farbe kann sofort im Feld »Farben einstellen für Text-Editor-Fenster:« kontrolliert werden (s. Abb. 9.7).

Mit einer VGA-Karte können folgende Farben gewählt werden: Schwarz, Blau, Grün, Cyanblau, Rot, Magenta, Braun und Weiß.

»Bildlaufleisten« blendet die Bildlaufleisten rechts und links aus beziehungsweise ein.

»Tabulatorabstand« ist auf 8 Zeichen voreingestellt und bedeutet, daß nach Betätigung von ⊟ der Cursor in den nächsten Tab-Block springt. Der Tab-Block ist somit auf 8 Zeichen festgelegt. Ein Wert zwischen 1 und 99 ist gültig. Das Arbeiten mit Tabulatoren hat vor allem bei der Erstellung von Tabellen Vorteile, da man schneller die nächste Tabellenspalte erreicht.

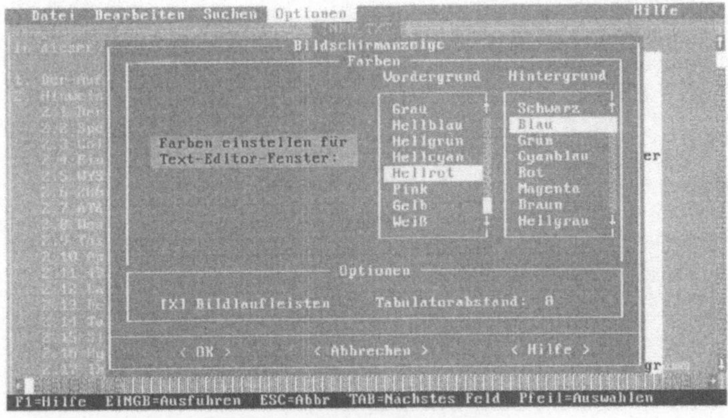

Abb. 9.7: Die Dialogbox »Bildschirmanzeige«

9.4.2 Pfad für Hilfen

Befindet sich die Datei EDIT.HLP nicht im aktuellen Verzeichnis,
sondern z.B. im Verzeichnis C:\DOS\HILFE kann hier ein Pfad
gesetzt werden z.B.:

```
C:\DOS\HILFE
```

10 Drucken unter MS-DOS

Jeder Programmierer hat schon die Erfahrung gemacht, daß es Momente gibt, in denen nur noch ein Ausdruck des Programmlistings hilft, den Überblick zu behalten.

Eine oft verbreitete Meinung ist falsch, daß »EDV Papier spart«. Zwar sind die meisten Daten auf einem Datenträger verfügbar, doch müssen sie auch als Liste oder als Grafik auf dem Schreibtisch liegen. Daher ist es notwendig, sich intensiv mit Drucker, Druckmaschine und -methoden auseinanderzusetzen.

10.1 Hardcopy erstellen

Die einfachste Methode, Daten auf den Drucker umzuleiten, ist, die Datei über EDIT zu laden und über DATEI • DRUCKEN an den Drucker zu übergeben.

Auch kann die aktuelle Bildschirmmaske über die Taste [Druck] ausgedruckt werden. Dieses ist aber nur im Text-Modus möglich.

Längere Verzeichnisse können mit [Strg]+[P] auf den Drucker umgeleitet werden. Diese Tastenkombination lenkt alle Bildschirmausgaben auch zum Drucker. Dieses setzt natürlich voraus, daß der Drucker eingeschaltet ist. Mit [Strg]+[P] wird der Protokoll-Modus ein- und ausgeschaltet.

10.2 Dateien Ausdrucken

Wollen Sie aus der DOS-Umgebung eine ASCII-Datei zum Drukker senden, können Sie dazu den COPY-Befehl verwenden.

Wir haben den COPY-Befehl schon verwendet, um die Tastatur (CON = Console) als Eingabe-Medium zu benutzen. Mit

```
COPY AUTOEXEC.BAT LPT1
```

wird die Datei AUTOEXEC.BAT an den Drucker geschickt.

Ebenso kann mit dem TYPE-Befehl und der Richtung (>) ein Text zum Drucker geschickt werden.

```
TYPE AUTOEXEC.BAT > LPT1
```

10.3 DER COPY-BEFEHL

Der COPY-Befehl kopiert eine Datei auf ein anderes Gerät.

```
COPY Gerät1 Gerät2
COPY Gerät Datei
COPY Datei Gerät
COPY Quelle [Schalter] Ziel[Schalter]
```

Gerät   definiert das entsprechende Gerät wie COM1, COM2, LPT1 usw.

Datei   gibt den Dateinamen mit Laufwerks- und Pfadangabe an. Jokerzeichen wie ? und * sind gültig.

Schalter   sind die gültigen Schalter für die Quell- und Ziel-Dateien. Es sind folgende Schalter gültig:

Quelle: /A   definiert, daß die Datei im ASCII-Format zu kopieren ist.

B   kopiert eine Binärdatei.

Ziel: /A   hängt an die Zieldatei ein [Strg]+[Z] für Datei-Ende am Ende der Datei.

           /B   kopiert Zeichen im Binärmodus einschließlich Sonderzeichen wie [Strg]+[C] usw. Dies ist besonders wichtig, wenn Ziel ein Gerät ist wie z.B. COM1 oder LPT1.

Ziel: /V überprüft die Dateien beim Kopiervorgang (Verify ON), und zwar wird der Inhalt des Pufferspeichers mit den in die Zieldatei geschriebenen Informationen überprüft. Wird ein Unterschied festgestellt, so wird der Speicherungsvorgang wiederholt. Dieses ist die sicherste Kopiermöglichkeit. Sie hat jedoch den Nachteil, daß der Kopiervorgang viel Zeit beansprucht.

Hinweis: Der COPY-Befehl kopiert die Datei nur bis zum ersten Datei-Endezeichen (EOF, »End of File«). Unter Umständen wird dieses Zeichen auch in Bildschirmmasken verwendet. Werden nun alle Zeichen mit einem Tool wie z.B. SideKick abgegriffen, interpretiert COPY dieses Datei-Endezeichen mitten im Text als Text-Ende und überträgt die nachfolgenden Zeichen nicht.

Verwendung der Optionen /a und /b

Die Auswirkungen der Optionen /a und /b hängen davon ab, wo die Parameter stehen. Werden die Optionen der Quelldatei nachgestellt, bewirkt

/a daß die Datei wie eine ASCII-Datei behandelt wird. Die Daten werden bis zum Datei-Endezeichen kopiert. Das Dateiendezeichen selbst sowie der Rest der Datei wird nicht kopiert.

/b kopiert die gesamte Datei einschließlich aller Datei-Endezeichen.

Werden die Parameter /a und /b der Zieldatei nachgestellt, bedeutet dies:

/a ein Datei-Endezeichen wird als letztes Zeichen angefügt.

/b fügt kein Datei-Endezeichen an.

10.4 Ausdruck von Grafiken

Das Ausdrucken von Grafiken ist etwas komplizierter als die Ausgabe von Textdateien. Eine wichtige Voraussetzung ist, daß Sie einen grafikfähigen Drucker haben. Bis auf die Typenraddrucker sind aber nahezu alle Drucker auch in der Lage, eine Grafik auszugeben.

Bevor eine Grafik ausgedruckt wird, muß der externe Befehl GRAPHICS geladen werden. Dieser DOS-Befehl wird benötigt, wenn man eine Grafik mit [Druck] ausgeben will.

10.5 Der GRAPHICS-Befehl

Der GRAPHICS-Befehl ermöglicht das Ausdrucken von Grafikbildschirmen mit der [Druck]-Taste.

```
GRAPHICS [Drucker,][Profil][/R][/B][/LCD]
         Printbox:Name]
```

Drucker	ermöglicht die Angabe eines definierten Druckertyps. Erlaubt sind die folgenden Parameter:
COLOR1	Farbdrucker (nur schwarze Schrift)
COLOR4	Farbdrucker (RGB), mit den Farben Rot, Grün, Blau und Schwarz
COLOR8	Farbdrucker (CMY) mit den Farben Zyan, Magenta, Gelb und Schwarz.
HPDEFAULT	für alle Hewlett-Packard PCC-Drucker.
DESKJET	für alle Hewlett-Packard DeskJet-Drucker (Tintendrucker).
GRAPHICS	für alle IBM-Grafik-Drucker.
GRAPHICS-WIDE	für alle IBM-Grafik-Drucker mit einer Breite von 11 Zoll.
LASERJET	für alle Hewlett-Packard Laserjet-Drucker.
LASERJETII	für Hewlett-Packard Laserjet II-Drucker.

PAINTJET   für Hewlett-Packard Paintjet-Drucker (Thermo-drucker).

QuietJET   für Hewlett-Packard Quietjet-Drucker.

QuietJET-PLUS   für Hewlett-Packard Quietjet-Plus-Drucker.

RUGGED-WRITER   für Hewlett-Packard ThinkJet-Drucker.

RUGGED-WRITER-WIDE   für Hewlett-Packard Rugged Writerwide-Drucker.

THERMAL   für einen IBM-kompatiblen Thermo-Drucker.

THINKJET   für ein Hewlett-Packard ThinkJet-Drucker.

Profil   definiert eine Druckerbeschreibungsdatei. Wurde keine Angabe gemacht, wird die Standarddatei GRAPHICS.PRO verwendet.

/R   druckt eine inverse Darstellung.

/B   druckt die Hintergrundfarbe, wenn der Druckertyp COLOR4 oder COLOR8 verwendet wird.

/Lcd   druckt die Bildschirmausgabe eines LCD-Bildschirms (Laptop).

/printbox:id   wählt die Printboxgröße. *id* sollte mit dem ersten Operanden einer *printbox*-Anweisung im Druckerprofil (z.B. GRAPHICS.PRO) übereinstimmen. Die Optionen für *id* sind *std* (Standard) oder *lcd* (für LCD-Bildschirm). Die Abkürzung für *printbox* ist *pb*.

Hinweis: Wenn der Computer im 640x200 Modus ist, wird der Bildschirminhalt automatisch im Querformat ausgedruckt.

10.6 Laserdrucker

Im Gegensatz zum Plotter verarbeitet ein Drucker die Informationen punktweise. Ein Kreis besteht daher aus einem Polygon mit n-Kanten, wobei n eine sehr große Zahl ist.

Je mehr Punkte diesen Kreis beschreiben, um so »runder« wird dieses Element. Vergrößert man jedoch den Kreis, wird man feststellen, daß der Kreis »ausfranst« und eine schräge Linie wie eine Treppe wirkt.

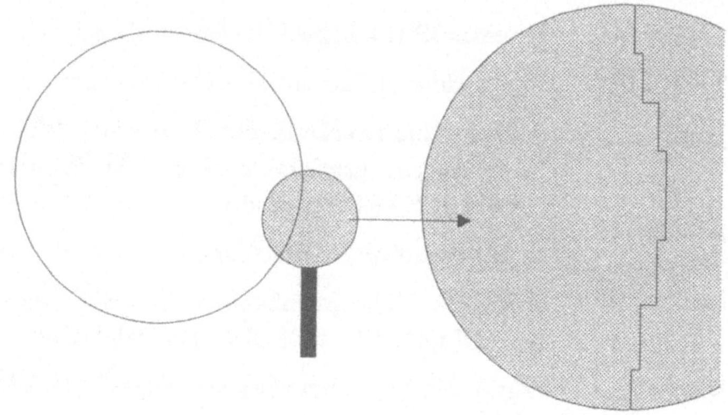

Abb. 10.1: Ein Kreis besteht aus vielen Linien

Je höher die Auflösung eines Druckers ist, um so feiner ist das Druckbild. Die Auflösung wird in dpi (dots per inch) gemessen.

Sollen unterschiedliche Strichstärken dargestellt werden, geschieht dies durch eine Softwaresteuerung im Programm (z.B. beim CAD-Programm »Medusa«) oder über einen Emulator wie EASY-Plot.

Laserdrucker sind sehr schnell und sehr leise. Sie haben einen Speicher von 512 KByte und mehr und sind mittlerweile im Low-Cost-Bereich bei unter 1500 DM angekommen. Laserdrucker arbeiten mit einer Dichte von 50 mal 50 Punkte pro Zeichen. Sie haben meist eine Auflösung von 300 dpi, sehr hochwertige Laserdrucker sogar bis 1000 dpi.

Die Schriften werden entweder über einen Schacht geladen und sind über die Hardware anzusteuern oder als Software über die sogenannten Softfonts vorhanden. Softfonts haben den Nachteil, daß der Ladevorgang der Schriften recht lange dauert, vor allem dann, wenn mit großen Buchstaben (24, 30 Punkte und mehr) gearbeitet wird. Die Druckgeschwindigkeit reicht von vier bis zwölf Seiten pro Minute.

Die Druckkosten sind von Drucker zu Drucker verschieden, da bei einigen Modellen von Zeit zu Zeit die komplette Druckeinheit ersetzt werden muß, bei anderen müssen Toner, Trommel und Entwicklungseinheit separat jeweils nach einer bestimmten Anzahl von Ausdrucken gewechselt werden.

Zusammen mit komfortablen Textverarbeitungssystemen wie Ventura© oder PageMaker© ist das sogenannte *Desktop-Publishing* entstanden. Damit ist es möglich, zu Hause auf dem Schreibtisch mit einem Laserdrucker von einer Bierzeitung bis hin zu einem kompletten Buch die Repro-Vorlagen zu erstellen. Die Zeiten des Bleisatzes sind lange vorbei.

Der Einsatz von PostScript

Der Begriff PostScript fällt immer im Zusammenhang mit Laserdruckern und Desktop-Publishing. PostScript ist eine Seitenbeschreibungssprache, die es ermöglicht, z.B. Texte und Grafiken zu verschmelzen.

Um PostScript realisieren zu können, braucht man einen postscriptfähigen Drucker. Die sind natürlich wesentlich teurer als normale Laserdrucker. Welche Vorteile gibt es bei PostScript:

⇒ PostScript-Drucker sind intelligent, berechnen Seiten, ziehen Linien und bilden Schriften ab. Der PC wird daher nicht mit dieser Arbeit belastet.

⇒ Jede eingebaute Schrift kann in jeder Größe dargestellt werden. Buchstaben mit einer Größe von einer DIN A 4-Seite sind kein Problem. Jede Farb- und Graustufe kann ausgedruckt werden.

⇒ Die Texte, die von einem System in ein bestimmtes Layout gebracht worden sind, können auf jedem postscriptfähigen Drucker ausgedruckt werden (Nadel- oder Laserdrucker).

Der Umgang mit PostScript ist aber nicht ganz einfach, da dieses System im Grunde eine eigene Programmiersprache darstellt. Um z.B. ein gefülltes Quadrat mit der Kantenlänge 100 pt zu zeichnen, müssen folgende Befehle eingegeben werden:

```
100 100 moveto
200 100 lineto
200 200 lineto
100 200 lineto
closepath
fill
```

PostScript-Dateien können sogar in ein Textverarbeitungs-Programm wie WORD eingebunden werden.

11 Die DOS-Shell

Die DOS-Shell wird in diesem Kapitel sehr ausführlich erläutert, da gerade Einsteiger hier »echte Probleme« haben. Geübte Rechnerbenutzer werden evtl. einmal nachschlagen, sich aber im wesentlichen durch Ausprobieren und mit der interaktiven Hilfe durch die DOS-Shell arbeiten.

Eine der wichtigsten Neuerungen ab der Version 5.0 war die neue Benutzeroberfläche oder auch Shell genannt. War die Version 4.0 ein erster Versuch, die Nutzer an Pull-Down-Menüs zu gewöhnen, bietet die Shell ab der Version 5.0 eine Windows-ähnliche Oberfläche, die sich durch zahlreiche Neuerungen auszeichnet.

Neu: Die DOS-Shell der Version 6.0 hat sich gegenüber der Version 5.0 nicht geändert.

Hervorzuheben ist die interaktive Hilfe, die Sie zu jedem Problem erhalten. Wählen Sie z.B. über DATEI den Punkt »Suchen« an und drücken die Funktionstaste F1, erhalten Sie in einem neuen Fenster einen Überblick über diesen Befehl. Weitere Hilfen sind über farbig (dunkel) abgesetzte Stichwörter anzuwählen. Über die Tastenfelder <Schließen>, <Zurück>, <Tasten>, <Index>, <Hilfe> erhalten Sie weitere Informationen. Klicken Sie das Tastenfeld mit der Maus an, oder wechseln Sie mit zum gewünschten Feld und bestätigen Sie mit .

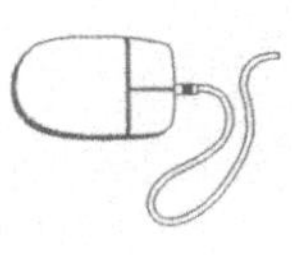

Endlich ist es möglich, nicht nur Dateien zu kopieren und damit zu verdoppeln, sondern auch zu verschieben (Move - verschieben). Damit wird verhindert, daß Programme doppelt und dreifach auf der Festplatte vorhanden sind. Über ANZEIGE • NUR DATEIEN kann festgestellt werden, daß in unterschiedlichen Verzeichnissen identische Dateien vorhanden sind.

Ein komfortables Arbeiten wird durch den Task-Swapper erreicht. Mehrere Dateien können in das Teilfenster »Aktive Programme« geladen und durch Tastendruck zwischen den einzelnen Anwendungen gewechselt werden. Dies ist kein Multitasking, ermöglicht

aber immerhin ein schnelles Wechseln zwischen den einzelnen
Programmen.

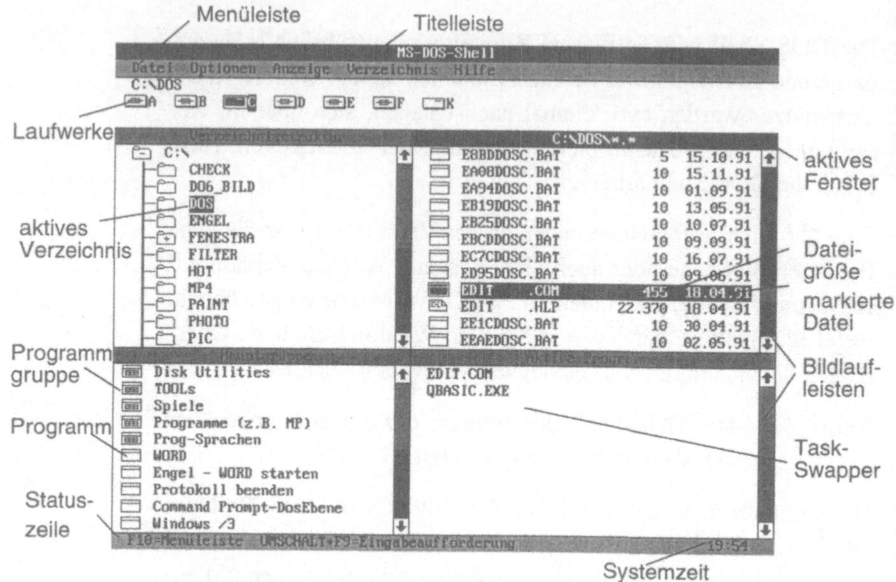

Abb. 11.1: Die DOS-Shell im Grafik-Modus

Begriffe

Im nachfolgenden Abschnitt werden die wichtigsten Begriffe im
Zusammenhang mit der DOS-Shell erklärt.

Titelleiste   gibt den Namen des Programms aus, (DOS-Shell)

Menüleiste   Über die Menüleiste erreichen Sie die Pull-
                  Down-Menüs. Mit [Alt]+[D] wird z.B. das Pull-
                  Down-Menü DATEI aufgeklappt. Zu den Menüs
                  gelangen Sie per Mausklick oder mit [F10].

Laufwerke   Die Laufwerke werden mit [Strg] oder Mausklick
[A]   angesteuert, [Strg]+[A] z.B. für das Laufwerk A:

Aktives Ver-   Das aktive Fenster oder aktuelles Fenster wird
zeichnis   farblich besonder hervorgehoben, ebenso wie
                  die aktive Datei oder das aktive Verzeichnis.

Haupt- gruppe 	Eine Hauptgruppe wird durch ein besonderes Icon dargestellt. Von einer Hauptgruppe können weitere Programmgruppen verzweigen.
Programm	Aus der Hauptgruppe oder anderen Programgruppen (s. TOOLs) können weitere Programme aufgerufen werden.
Task- Swapper	Der Task-Swapper wird über OPTIONEN • PROGRAMMUMSCHALTUNG AKTIVIEREN ein- und ausgeschaltet.
Bildlauf- leisten	Über die Bildlaufleisten wird mit der Maus im aktiven Fenster »geblättert«.

11.1 Umgang mit der DOS-Shell

Die DOS-Shell wird am einfachsten über die Maus bedient. Natürlich können auch die Tasten ⌊Alt⌋, ⌊Strg⌋ und ⌊⇥⌋ eingesetzt werden.

11.1.1 Einsatz der Hot-Keys

⌊Strg⌋-Taste

Mit ⌊Strg⌋ und dem entsprechenden Buchstaben für das Laufwerk werden die Laufwerke umgeschaltet. Dabei muß beachtet werden, daß vor dem Umschalten eine Diskette eingelegt und das Laufwerk ordnungsgemäß verriegelt ist. Bei falscher Bedienung erscheint eine Warnung mit den Möglichkeiten:

```
1. Erneut versuchen, diesen Datenträger zu lesen.
2. Nicht mehr versuchen, den Datenträger zu lesen.
```

Nach Anwählen mit den Cursorsteuertasten ⌊↑⌋ oder ⌊↓⌋ und Bestätigung mit ⌊↵⌋ wird der entsprechende Befehl ausgeführt, da automatisch das Tastenfeld <OK> aktiv ist. Dies wird durch einen Unterstrich (_) im entsprechenden Feld gekennzeichnet. Mit ⌊⇥⌋ oder ⌊⇧⌋+⌊⇥⌋ können Sie in das Feld <Abbrechen> und <Hilfe> wechseln. Die Bestätigung erfolgt immer mit ⌊↵⌋.

Tastenfeld

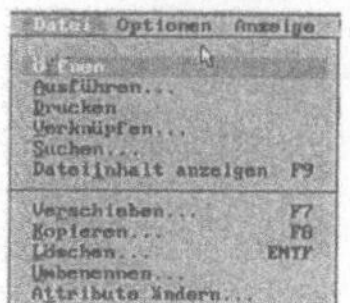

[Alt]-Taste

Mit der [Alt]-Taste und dem entsprechenden Anfangsbuchstaben können Sie die Pull-Down-Menüs anwählen, z.B. [Alt]+[V] für »Verzeichnis«. Mit den Cursorsteuertasten oder dem unterstrichenen Buchstaben wird der Untermenüpunkt angesteuert.

Beispiel:

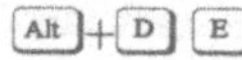

steuert den Menüpunkt DATEI mit dem Untermenüpunkt »Verzeichnis erstellen...« an.

[⇆]-Taste

Mit der [⇆]-Taste wechseln Sie zwischen den einzelnen Fenstern. Mit [⇧]+[⇆] können Sie entsprechend zurückschalten.

Beispiel:

Sie wollen im Verzeichnis \DOS die Datei EDIT laden. Das aktive Laufwerk ist A.

1. Mit [Strg]+[C] wird auf das Laufwerk C umgeschaltet. Mit [⇆] wechseln Sie in das Fenster »Verzeichnisstruktur« und wählen mit den Cursorsteuertasten das entsprechende Unterverzeichnis an. Mit [⇧]+[Bild↑] und [⇧]+[Bild↓] kann seitenweise geschaltet werden.

2. Im rechts daneben liegenden Fenster »Dateiliste« werden die vorhandenen Dateien gelistet. In der Kopfzeile werden das Laufwerk und der entsprechende Pfad ausgegeben.

3. Mit [⇆] oder Mausklick wechseln Sie in das Fenster »Dateilisten« und wählen mit den Cursorsteuertasten oder [Bild↑] oder [Bild↓] die Datei EDIT.COM an. Nach Bestätigung mit [↵] wird der Editor geladen und nach Beendigung des Editors automatisch zur Shell zurückgeschaltet.

4. Mit der [Esc]-Taste können Sie einen Vorgang jederzeit abbrechen, ein Fenster wegblenden oder ein Pull-Down-Menü einklappen. Über HILFE • TASTEN erhalten Sie alle Angaben über die Belegung der Funktionstasten.

11.1.2 Mausbedienung

Mit der Maus kann man mit der DOS-Shell am einfachsten und schnellsten arbeiten. Dies setzt voraus, daß der Maustreiber MOUSE.SYS über die Datei CONFIG.SYS geladen ist oder die Datei MOUSE.COM aufgerufen wird.

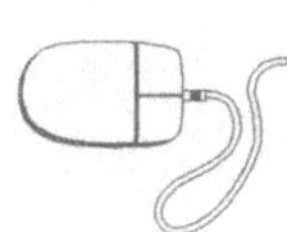

Hinweis: Arbeiten Sie überwiegend mit WINDOWS braucht der Maustreiber nicht geladen zu werden, da WINDOWS automatisch die Mauseingaben verarbeitet.

Der Mauszeiger ist im Grafik-Modus ein Pfeil, im Text-Modus ein Rechteck. Der Zeiger kann durch die Bewegung der Maus nach oben, nach rechts usw. gesteuert werden.

Beispiel:

Maus-
Zeiger

Das Laufwerk A ist das aktive Laufwerk, und Sie wollen die Datei EDIT.COM aus dem Verzeichnis \DOS zum Laufwerk B kopieren.

1. Sie klicken mit der Maus das Icon »Festplatte« oder den Laufwerksbuchstaben C an. Es werden im Fenster »Verzeichnisstruktur« die Verzeichnisse und im Fenster »Dateiliste« die Dateien des Hauptverzeichnisses eingeblendet.

2. Nun klicken Sie das Icon für den DOS-Pfad oder das Wort »DOS« an. In der Dateiliste werden alle Dateien alphabetisch geordnet ausgegeben. Über die Bildlaufleiste können nun die Dateien nach unten oder oben bewegt werden. Wird dabei der Pfeil angeklickt, wird jeweils eine Datei nach oben oder unten bewegt (scrollen).

Laufwerk C

3. Wird ein Feld auf der Bildlaufleiste angeklickt, werden die Dateien seitenweise bewegt (Bild↑, Bild↓). Ein farbig abgesetztes Rechteck zeigt an, wo man sich im Verzeichnis befindet. Klicken Sie den Bereich oberhalb des Quadrats an, wird nach oben, unterhalb wird seitenweise nach unten gescrollt.

4. Klicken Sie das Rechteck an, halten Sie die linke Maustaste gedrückt und schieben Sie das Rechteck nach oben oder un-

ten, dann können Sie so das gesamte Verzeichnis durchsuchen.

5. Nachdem die Datei EDIT mit der linken Maustaste angewählt und somit markiert ist, kann sie durch die ⏎-Taste oder einfacher noch durch einen Doppelklick (zweimaliges schnelles Drücken der linken Maustaste) geladen werden.

6. Dateien können auch direkt über DATEI • AUSFÜHREN gestartet werden. Dazu wird mit der Maus das Feld DATEI und »Ausführen« angeklickt und in der Dialogbox »Ausführen« im Feld »Befehlszeile« der Dateiname EDIT eingegeben.

   Bestätigt wird durch Anklicken von <OK> oder mit der ⏎-Taste. Dies setzt aber voraus, daß entweder ein Pfad gesetzt ist oder \DOS das aktuelle Verzeichnis ist. Natürlich können Sie den Pfad auch in der Befehlszeile angeben.

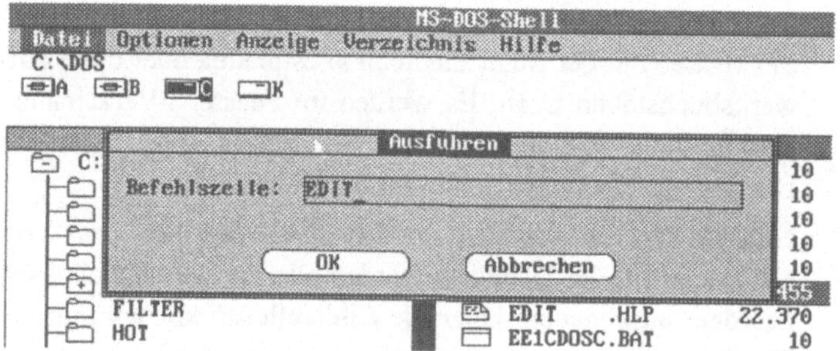

Abb. 11.2: Die Dialogbox »Ausführen«

11.1.3 Tastenbelegung

F1   aktiviert die Hilfefunktion. Es wird eine Hilfe über den definierten Fensterbereich, den Befehl oder die Dialogfeldoption angezeigt.

F3 oder   beendet die DOS-Shell.
Alt + F4

⇧+F5	ist identisch mit DATEI • ANZEIGE NEUAUF-BAUEN. Die Dateiliste wird nicht aktualisiert.
⇧+F9	Verlassen der DOS-Shell. Die Oberfläche bleibt aber im Speicher. Mit EXIT kann jederzeit zurückgeschaltet werden.
⇧+↵	startet ein Programm und fügt es in die Programmliste ein (Aktive Programme).
Strg+Esc	verläßt ein Programm, das über die Programmliste gestartet wurde und kehrt in die DOS-Shell zurück.
Alt+⇄	wechselt zwischen zwei Programmen, die über die Programmliste aktiviert wurden.
Alt+⇄	wechselt zwischen den einzelnen Tasks, die über die Programmliste aktiviert wurden, wobei die Alt-Taste gedrückt wird und die ⇄-Taste so lange betätigt wird, bis das gewünschte Programm aktiv ist.
Alt+Esc	wechselt zum nächsten Programm.
⇧+Alt+Esc	wechselt zum vorhergehenden Programm.
Strg+[Buchst] Alt+[Buchst] ⇧+[Buchst] Alt+Strg+[Buchst] ⇧+Strg+[Buchst]	wechselt zu einem Programm, welches mit dem entsprechenden Buchstaben [Buchst] gekennzeichnet ist. Diese Abkürzungstasten werden im Dialogfeld »Programm hinzufügen« definiert.

11.2 Hilfe aus der DOS-Shell

Über den Menüpunkt HILFE können Sie jederzeit Hilfestellungen abrufen. Weiterhin können Sie mit der Funktionstaste F1 ebenso einen Hilfebildschirm einblenden. Das Pull-Down-Menü HILFE hat 7 Untermenüs.

Des weiteren ist es möglich, in die Datei DOSSHELL.HLP eigene
Hilfetexte einzubringen, die dann über Label angesteuert werden
können.

11.2.1 Index

Über das Teil-Menü oder Unter-Menü »Index« können Sie zahlreiche Hilfestellungen abrufen. Hier ein Auszug:

⇒   Allgemeine Shell-Tasten

⇒   Bewegungstasten

⇒   Hilfe-Tasten

⇒   Tasten für die Liste der aktiven Programme

⇒   Tasten für die Arbeit mit der Programmliste

usw.

Durch Anklicken von z.B. »Allgemeine Shell-Tasten« wird ein
neues Fenster aufgeklappt. Es werden nun die Tasten ⏎, Esc
usw. erklärt. Sie können nun, wie bereits erwähnt, über die Bildlaufleisten oder mit den Cursorsteuertasten (auch die Tasten Bild↑
und Bild↓ sind gültig) die Informationen abrufen. Das Ende eines jeden Fensters wird durch das folgende Symbol

– • –

gekennzeichnet. Weitere Fenster können über farbig abgesetzte
Stichwörter aufgeklappt werden.

Sie haben jeweils die Möglichkeit, fünf Tastenfelder anzuwählen:

<Schließen>   schließt den gesamten Vorgang ab, z.B. das Blät-
                 tern in den Hilfe-Fenstern.

<Zurück>   blättert ein Fenster zurück, ohne die DOS-Shell-
                 Hilfe zu verlassen.

<Tasten>   wechselt in das Hilfe-Fenster »Tastatur« und
                 »Tastenbelegung«.

<Index>   zeigt einen Index zu den Hilfethemen an.

<Hilfe>   gibt eine Hilfe zu der entsprechenden Dialogbox an.

Beispiel:

Sie wollen mehrere Dateien kopieren und wissen nicht mehr die Vorgehensweise. Gehen Sie wie folgt vor:

1. Wählen Sie nun über DATEI den Befehl »Kopieren« an und es ist keine Datei markiert, dann werden Sie feststellen, daß dieser Befehl hell dargestellt ist. Blenden Sie mit [Esc] das Pull-Down-Menü weg oder klicken Sie eine Datei im Feld »Dateiliste« an.

2. Wählen Sie nun über DATEI den Befehl »Kopieren« an. Es wird die Dialogbox »Datei kopieren« eingeblendet. Über das Tastenfeld <Hilfe> erhalten Sie eine Hilfe, die über den Querverweis »Kopieren von Dateien« noch erweitert wird.

Nun ist klar, daß die Datei mit [↑] und [Strg] markiert und dann zum definierten Laufwerk oder Verzeichnis kopiert werden kann.

11.2.2 Tastatur

Über HILFE • TASTATUR erhalten Sie eine Auskunft über die Tastenbelegung, die Hilfe-Tasten usw. Dieser Menüpunkt ist identisch mit der Hilfe, die Sie über jede Dialogbox mit dem Tastenfeld <Tasten> erhalten.

11.2.3 Grundlagen

Über das Untermenü »Grundlagen« erhalten Sie grundsätzliche Informationen über die DOS-Shell. Es können weitere Fenster aufgeklappt werden:

⇒ Willkommen in der MS-DOS-Shell

⇒ Menüs und Befehle

⇒ Dateiliste und Programmliste

⇒ Überblick über die Dateiliste

⇒ Überblick über die Programmliste

⇒ Verlassen der MS-DOS-Shell

11.2.4 Befehle

Über das Untermenü »Befehle« erhalten Sie weitere Informationen über die Menüs der Kopfzeile, wie:

⇒ Menü Datei

⇒ Menü Optionen

⇒ Menü Anzeige

⇒ Menü Verzeichnis

⇒ Menü Hilfe

sowie die Menüs für die Programmliste.

Wählen Sie nun das Menü DATEI an, erhalten Sie Informationen über die Befehle »Öffnen«, »Ausführen«, »Drucken« usw.

Hinweis: Die Hilfe für den Befehl »Öffnen« erhalten Sie schneller, wenn Sie über DATEI • ÖFFNEN gehen und ⌷ drücken.

11.2.5 Verfahren

Mit dem Menüpunkt »Verfahren« erhalten Sie Informationen über:

⇒ Allgemeine Verfahren

⇒ Verfahren für die Dateiliste

⇒ Verfahren für die Programmliste

⇒ Ausführen von Programmen

Das Thema »Allgemeine Verfahren« beschäftigt sich mit der Verwendung der Maus, dem Auswählen und dem Umgang mit den Fenstern.

11.2.4 Hilfe verwenden

Der Menüpunkt »Hilfe verwenden« erklärt den Umgang mit der interaktiven Hilfe. Es stehen weitere Fenster zur Auswahl:

⇒ Erhalten sofortiger Hilfe

⇒ Verwenden der Hilfe-Schaltflächen

⇒ Verwenden der Befehle im Menü Hilfe

⇒ Erlernen der Benutzung der MS-DOS-Shell

Der Menüpunkt »Info über Shell« gibt eine Copyright-Angabe mit der Versionsnummer aus.

11.3 Das Datei-Menü

Das DATEI-Menü wird mit der Maus oder ⒜+Ⓓ angewählt. Es ist in fünf thematisch zugeordnete Felder eingeteilt. Ist keine Datei markiert, sind z.B. nur die Befehle »Öffnen«, »Ausführen«, »Suchen«, »Verzeichnis erstellen« usw. aktiv. Die nicht aktiven Befehle sind farblich sehr hell dargestellt, so daß sie kaum gelesen werden können.

Klicken Sie nun eine Datei in der Dateiliste an, so werden bis auf den Befehl »Verzeichnis erstellen« alle Befehle dunkel dargestellt und sind somit aktiv.

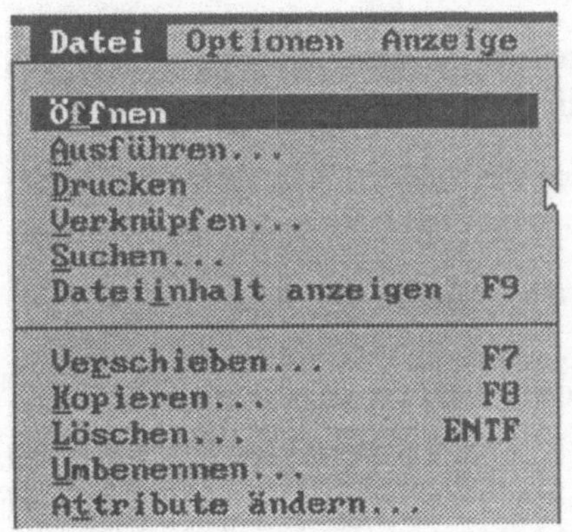

Abb. 11.4: Das Datei-Menü

11.3.1 Der Befehl Öffnen

Mit dem Befehl »Öffnen« starten Sie ein Programm, das zuvor in der Dateiliste markiert wurde. Kann eine Datei nicht ausgeführt werden (z.B. CONFIG.SYS), wird ein Warnton ausgegeben.

Im wesentlichen werden damit Stapel-, EXE- oder COM-Dateien gestartet.

Beispiel: Sie wollen die Datei EDIT aus dem Verzeichnis DOS starten. Der Editor soll nicht aus der Hauptgruppe gestartet werden.

1. Klicken Sie in der Verzeichnisstruktur das Unterverzeichnis DOS an.

2. Wechseln Sie mit ⊟ oder Mausklick in das Feld »Dateiliste«, suchen Sie die Datei EDIT.COM und klicken diese an. Durch ⏎, Mausdoppelklick oder DATEI • ÖFFNEN wird EDIT gestartet.

11.3.2 Der Befehl Ausführen...

Mit dem Befehl »Ausführen...« können Sie ein Programm starten und zusätzliche Parameter übergeben. Ist die Datei nicht im aktuellen Verzeichnis, muß der Pfad mit angegeben werden:

```
\DOS\EDIT \AUTOEXEC.BAT
```

Es wird der Editor EDIT mit der Datei AUTOEXEC.BAT geladen. EDIT ist im Verzeichnis \DOS.

Über »Ausführen« wird auch der direkte »Kontakt« zur Befehlsebene gesucht.

Aufgabe: Kopieren Sie alle Dateien aus dem aktuellen Verzeichnis mit D_*.TXT zum Laufwerk A.

1. Schalten Sie über OPTIONEN • DATEI ANZEIGEN auf D_*.TXT um. Mit DATEI • ALLES AUSWÄHLEN werden die definierten Dateien markiert und mit »Kopieren« oder »Verschieben« zum Laufwerk A kopiert oder verschoben.

2. Schneller geht der Kopiervorgang, indem über das Fenster »Verzeichnisstruktur« das definierte Verzeichnis angewählt wird und über DATEI • AUSFÜHREN

```
COPY D_*.TXT
```

alle definierten Dateien kopiert werden. Natürlich kann auch der XCOPY-Befehl eingesetzt werden. Nach Beendigung meldet die DOS-Shell:

```
Eine beliebige Taste drücken, um zu beenden
```

11.3.3 Der Befehl Drucken

Mit dem Befehl »Drucken« können Sie Dateien über den Drucker-Spooler PRINT an den Drucker übergeben. Dies setzt voraus, daß PRINT.EXE aktiviert ist.

Achtung: Die Datei PRINT.EXE darf nicht aus der DOS-Shell gestartet werden. Arbeiten Sie häufig mit diesem Drucker-Spooler, empfiehlt es sich, diesen mittels AUTOEXEC.BAT bei jedem Rechnerstart automatisch zu installieren.

Nachdem PRINT aktiviert ist, können Sie die DOS-Shell wieder starten. Nun wählen Sie die zu druckende Datei aus oder markieren mehrere Dateien. Sie können z.B. BAT- und TXT-Dateien ausdrucken, also Files, die aus reinen ASCII-Zeichen bestehen.

Ist der Drucker nicht eingeschaltet, entsteht kein Fehler, da der Spooler die Daten erst zum Drucker schickt, wenn dieser betriebsbereit, auf »On Line« geschaltet oder wieder frei ist.

Beispiel: Wir wollen die Dokumentations-Dateien von MS-DOS ausdrucken.

1. Dazu schalten Sie über OPTIONEN • DATEIANZEIGE von *.* auf *.TXT um und bestätigen mit <OK>.

2. Nach Wechseln in das Verzeichnis \DOS erscheinen nun nur noch die Dateien mit der Erweiterung TXT.

3. Markieren Sie die Dateien entweder einzeln oder über DATEI •
   ALLES AUSWÄHLEN. Mit DATEI • DRUCKEN werden die Datei-
   en an den Spooler übergeben. Die Daten werden im Hintergrund gedruckt, ohne daß die Arbeit im Vordergrund behin-
   dert wird.

4. Wiederholen Sie diesen Vorgang zwei-, dreimal, ist der Druk-
   kerpuffer voll, und eine Dialogbox »Datei drucken« ermöglicht folgende Eingaben:

   ⇒ Erneuter Versuch mit dieser Datei.

   ⇒ Diese Datei übergehen und fortfahren.

   ⇒ Abbrechen des Vorgangs.

   Mit Ⓕ erhalten Sie zu jedem Punkt eine entsprechende Erklä-
   rung.

Durch Aufrufen der Datei PRINT.EXE erhalten Sie eine Information über die zur Zeit bearbeiteten Jobs, z.B.:

```
C:\DOS\NETWORKS.TXT wird gerade gedruckt
C:\DOS\README.TXT ist in der Warteschlange
C:\DOS\UMB.TXT ist in der Warteschlange
```

Mit PRINT und der Übergabe des Parameters /t kann die Warteschlange gelöscht werden. Einen Parameter können Sie nur, wie
bereits erwähnt, über DATEI • AUSFÜHREN übergeben.

11.3.4 Der Befehl Verknüpfen

Mit dem Befehl »Verknüpfen« können Sie alle Dateien mit der
gleichen Erweiterung (z.B. TXT, SIK usw.) mit einem Programm
verbinden.

Aufgabe: Die Dateien mit der Erweiterung TXT sollen automa-
              tisch mit dem Editor EDIT verknüpft.

1. Klicken Sie eine TXT-Datei an, so wird der Editor mit der an-
   gewählten Datei geladen.

2. Wechseln Sie in das Verzeichnis \DOS und wählen die Datei UMB.TXT oder README.TXT durch Doppelklick an, dann wird EDIT mit der entsprechenden Datei geladen.

Ebenso können Sie z.B. Dateien mit der Erweiterung BAS mit dem QBASIC-Interpreter verknüpfen.

In der Dialogbox »Datei verknüpfen« wird angegeben, mit welchem Programm die markierte Datei (über die Erweiterung) verbunden ist.

Abb. 11.4: Die Dialogbox »Datei verknüpfen«

11.3.5 Dateien verknüpfen

Aufgabe: In einer Übung wollen wir eine Datei mit einem Programm verknüpfen. Dazu wählen Sie die Programmdatei aus, mit der Sie die Dateien verknüpfen wollen (z.B. EDIT).

1. Blenden Sie über DATEI • VERKNÜPFEN die Dialogbox an und definieren die notwendigen Erweiterungen (z.B. TXT. SIK, DOC usw.).

2. Die Erweiterungen müssen mit einem Leerzeichen voneinander getrennt sein. Dateien, die keine Erweiterung haben, werden mit einem Punkt gekennzeichnet.

Achtung: Sie können mehrere Erweiterungen bis zu 79 Zeichen über die Dialogbox eingeben. Man kann jedoch nur eine definierte Erweiterung mit einem Programm koppeln. Es ist daher nur möglich, TXT-Dateien entweder mit EDIT oder mit WORD (oder einem anderen Editor) zu verbinden. Es wäre natürlich möglich, alle WORD-Dateien mit der Erweiterung WRD zu kennzeichnen.

Wenn Sie nun eine DOC- oder SIK-Datei anwählen und über DATEI • VERKNÜPFEN die Dialogbox aufrufen, erhalten Sie die Information:

```
.DOC-Dateien sind verknüpft mit:
C:\DOS\EDIT.COM
```

Die Verknüpfung kann auch umgekehrt erfolgen, indem man eine Datei mit der gewünschten Erweiterung markiert, die Dialogbox über DATEI • VERKNÜPFEN anwählt und nun ein Programm zuordnet. Wichtig ist dabei, daß der komplette Pfad mit angegeben wird. Ebenso ist es möglich, ein Programm mit einer definierten Datei zu verknüpfen.

Hinweis: Sie können die BASIC-Dateien z.B. mit dem QBASIC-Interpreter mit dem Parameter /run verknüpfen. Das Programm wird dann automatisch geladen und gestartet.

11.3.6 Der Befehl Suchen

Mit dem Befehl »Suchen« können Sie ein bestimmtes Verzeichnis oder das gesamte aktuelle Laufwerk nach einer Datei durchsuchen. Die Jokerzeichen * und ? sind gültig.

Wird die Option »Ganzen Datenträger durchsuchen« angeklickt, wird nur das aktuelle Verzeichnis im aktuellen Laufwerk durchsucht. Beim nächsten Suchvorgang wird automatisch »Gesamter Datenträger« wieder eingeschaltet.

Aufgabe: Suchen Sie die Dateien Tes*.TXT auf dem gesamten Datenträger.

1. Klicken Sie über DATEI den Befehl »Suchen« an.

2. In der Dialogbox »Suchen« geben Sie im Feld »Suchen nach:« den Text: TES*.TXT an. Die voreingestellte Abkürzung *.* für alle Dateien wird automatisch gelöscht.

3. Mit <OK> oder der ⏎-Taste wird die Suche eingeleitet. Es werden nun die Dateien mit den entsprechenden Pfaden ausgegeben. Da die TXT-Dateien mit dem Editor EDIT verknüpft sind, kann durch Doppelklick eine Datei geladen werden. Mit Esc wird das Suchergebnis weggeblendet.

11.3.7 Der Befehl Dateiinhalt anzeigen

Mit dem Befehl »Dateiinhalt anzeigen« oder F9 können Dateien auf ihren Inhalt überprüft, nicht aber editiert werden. Dies ist z.B. wichtig, um eine ASCII-, BAS-, BAT- oder SYS-Datei zu überprüfen.

Der Befehl ist erst aktiv, wenn die gewünschte Datei markiert ist. Mit den Tasten ↑, Bild↑ usw. kann in den Dateien geblättert werden. Es gibt keine Bildlaufleisten.

Die Dateien werden im ASCII- oder hexadezimalen Format gelistet. Mit der Funktionstaste F9 wird zwischen den Formaten hin- und hergeschaltet. Mit Esc gelangen Sie automatisch zur DOS-Shell zurück.

Der Befehl Verschieben

Mit dem Befehl »Verschieben« oder F7 können Sie eine oder mehrere Dateien von einem zum anderen Verzeichnis oder zu einem anderen Laufwerk verschieben. Im Gegensatz zum Befehl »Kopieren« oder COPY wird die Datei nicht verdoppelt und hilft somit, die Übersicht auf der Festplatte zu behalten.

Dateien markieren

Bevor die Dateien verschoben werden, müssen Sie markiert sein.
Eine einzelne Datei wird markiert, indem Sie diese anklicken oder
⊟- und Cursorsteuertasten verwenden. Die folgenden Tasten
sind gültig: ⇧, Strg, ⇧+↨ und die Leertaste.

Alle Dateien werden markiert, indem man den Befehl »Alles auswählen« im Menü DATEI anwählt. Rückgängig gemacht wird
diese Markierung durch den Befehl »Auswahl aufheben«.

11.3.8 Dateien aus mehreren Verzeichnissen auswählen

Sie können auch Dateien aus mehreren Verzeichnissen auswählen.
Dazu muß die Option »Dateien aus mehreren Verzeichnissen« auf
»ein« gestellt sein. Dies erreichen Sie, indem Sie über OPTIONEN
den Befehl »Dateien aus mehreren Verzeichnissen« anklicken.
Der Zustand »Ein« wird dann durch eine kleine Raute (♦) im Menü OPTIONEN dokumentiert.

Aufgabe: Es sollen mehrere Dateien kopiert werden. Die Da-
              teien APPEND, ASSIGN, ATTRIB sowie DISK-
              COMP, DISKCOPY und DOSKEY sollen zum
              Laufwerk B kopiert werden.

1. Die Datei APPEND wird angeklickt und die ⇧-Taste ge-
    drückt. Durch Anklicken der Datei ATTRIB wird die Datei
    ASSIGN automatisch mit markiert.

2. Nun werden die Dateien über die Bildlaufleisten gescrollt bis
    die Datei DISKCOMP erscheint. Nun wird die Strg-Taste ge-
    drückt, da eine weitere Datei markiert werden muß. Es wer-
    den die Dateien DISKCOMP, DISKCOPY und DOSKEY an-
    geklickt. Ein zusätzliches Anklicken einer Datei ohne ⇧-
    oder Strg-Taste macht alle Markierungen rückgängig.

3. Nun wird über DATEI der Befehl »Kopieren« angewählt. Die
    markierten Dateien erscheinen, soweit darstellbar, in der Dia-
    logbox. Im Feld »Nach:« wird »B:« eingegeben. Mit ⏎ oder

<OK> wird der Befehl abgeschlossen. Die Dialogbox gibt an, wie viele Dateien kopiert worden sind.

Aufgabe: Es sollen nun mehrere Dateien aus unterschiedlichen Verzeichnissen verschoben werden

1. Die Option »Dateien aus mehreren Verzeichnissen auswählen« muß eingeschaltet sein.

   Tip: Es bietet sich an, über ANZEIGE • ZWEIFACHE DATEI-LISTE eine zusätzliche Ebene einzublenden.

2. Nun werden z.B. aus dem Verzeichnis DOS drei Dateien in der oberen Dateiliste markiert. In der unteren Dateiliste wird z.B. das Verzeichnis TEST und dort ebenfalls drei Dateien mit ⟨Strg⟩ Mausklick ausgewählt.

3. Ein neues Verzeichnis aus der oberen Dateiliste kann auswählt und weitere Dateien markiert werden. Wenn Sie nun in das Verzeichnis DOS zurückschalten, können Sie erkennen, daß die gerade markierten Dateien immer noch invers, also markiert sind.

Werden z.B. im definierten Verzeichnis oder Laufwerk gleichlautende Dateien gefunden, wird gefragt, ob die Datei im Laufwerk A z.B. durch die Datei vom Laufwerk C:\DOS ersetzt werden soll. Neben dem Datum wird die Größe der Datei angegeben. So kann in erster Näherung überprüft werden, ob die Dateien identisch sind. Dies setzt aber voraus, daß über OPTIONEN • BESTÄTIGEN die Option »Beim Ersetzen bestätigen« eingeschaltet ist [x].

11.3.9 Der Befehl Kopieren

Der Befehl »Kopieren« oder ⟨F8⟩ wird wie der Befehl »Schieben« verwendet, nur, daß jetzt die Datei dupliziert wird. Sie sollten sich daher genau überlegen, ob Sie die Datei im neuen und im alten Verzeichnis benötigen. Wenn nicht, sollten Sie den Befehl »Schieben« verwenden.

Der Befehl »Kopieren« wird häufig verwendet, um zusätzliche Sicherungskopien auf Diskette anzulegen. Dann sollte *nicht* der Befehl »Schieben« verwendet werden.

11.3.10 Der Befehl Löschen

Mit dem Befehl »Löschen« oder mit [Entf] können Sie eine oder mehrere Dateien löschen. Die Dateien werden markiert und einzeln gelöscht.

Bevor eine Datei gelöscht wird, erfolgt eine Sicherheitsabfrage. Dies setzt jedoch voraus, daß über das Menü OPTION • BESTÄTIGEN die Option »Beim Löschen bestätigen« auf ein [x] gestellt ist. Sie haben nun die Möglichkeit, die Datei zu löschen (Ja) oder zu überspringen.

Hinweis: Vor allem, wenn Sie noch nicht lange mit der neuen Shell gearbeitet haben, sollten Sie die Option »Beim Löschen bestätigen« einschalten [x].

11.3.11 Der Befehl Umbenennen

Über DATEI • UMBENENNEN können Sie Datei- oder Verzeichnisnamen verändern. Sie können wiederum mehrere Dateien markieren und diese hintereinander umbenennen.

Dateien können auch umbenannt werden, wenn sie »read-only« oder schreibgeschützt sind.

Übung: Legen Sie das Verzeichnis TEST an (s. 11.3.13). Benennen Sie das Verzeichnis TEST in TEST2 um.

1. Wählen Sie das entsprechende Verzeichnis aus dem Fenster Verzeichnisstruktur aus und starten den Befehl »Umbenennen« aus dem Menü DATEI.

2. In der Dialogbox »Verzeichnis umbenennen« wird der aktuelle Name ausgegeben. Im Feld »Neuer Name« können Sie einen neuen Verzeichnisnamen mit bis zu 8 Zeichen festlegen. Wird ein Punkt verwendet, können sogar bis zu 12 Zeichen eingegeben werden, z.B. *12345678.ABC*. Die Verzeichnisse werden automatisch alphabetisch sortiert.

11.3.12 Der Befehl Attribute ändern...

Mit dem Befehl »Attribute ändern« können Sie eine oder mehrere Dateien modifizieren. Es wird die Dialogbox »Attribute ändern« aktiviert:

```
1.   Ausgewählte Dateien einzeln modifizieren
2.   Ausgewählte Dateien zugleich modifizieren
```

Sie können nun für jede Datei folgende Attribute setzen:

Versteckt   die Datei wird nicht mehr in der Dateiliste angezeigt.

System   die Datei wird als MS-DOS-Systemdatei gekennzeichnet.

Archiv   das Dateiarchivbit wird gesetzt. Wichtig im Zusammenhang mit dem XCOPY-Befehl.

Schreibgeschützt   verhindert, daß die Datei versehentlich gelöscht wird.

Sie können ein oder mehrere Dateiattribute setzen oder löschen. Dateien, die versteckt sind, erscheinen nicht mehr im Fenster Dateiliste.

Hinweis: Wichtige Dateien sollten Sie »Schreibgeschützt« setzen. Sie gehen damit sicher, daß sie nicht versehentlich gelöscht werden. Ist die Option »Beim Löschen bestätigen« ausgeschaltet, wird bei einer schreibgeschützten Datei trotzdem nachgefragt, ob diese gelöscht werden soll. Bei Bestätigung mit »ja« werden auch schreibgeschützte Dateien gelöscht. Sie müssen nun nicht mehr das Dateiattribut ändern, um diese Datei löschen zu können.

Versteckte Dateien können über OPTIONEN • DATEIANZEIGE »Versteckte Dateien und Systemdateien« wieder sichtbar gemacht werden. Klicken Sie das entsprechende Feld an, und im Hauptverzeichnis werden z.B. die Dateien IO.SYS und MSDOS.SYS sichtbar. Setzen Sie für diese Dateien wieder das Attribut »versteckt«.

11.3.13 Der Befehl »Verzeichnis erstellen«

Mit dem Befehl »Verzeichnis erstellen« können Sie Verzeichnisse und Unterverzeichnisse anlegen. Der Befehl ist nur aktiv, wenn keine Datei markiert ist.

Wollen Sie ein Verzeichnis erstellen, das in der ersten Ebene liegt, klicken Sie das erste Symbol im Fenster »Verzeichnisstruktur« an. In der Dateiliste werden automatisch die Dateien des Hauptverzeichnisses gelistet. Wählen Sie über DATEI den Befehl »Verzeichnis erstellen« an. In der Dialogbox »Verzeichnis erstellen« wird das übergeordnete Verzeichnis (C:\) angegeben, und Sie können im Feld »Name des neuen Verzeichnisses« das neue Verzeichnis benennen.

Aufgabe: Die neue Struktur soll wie in Abb. 11.5 angelegt werden. Das Verzeichnis C:\DOS ist bereits vorhanden. Da die Verzeichnisse WORD, BASIC aus dem Hauptverzeichnis verzweigen, muß sichergestellt sein, daß Sie sich im Hauptverzeichnis befinden. Im Fenster »Dateiliste« wird dies durch C:*.* in der Kopfzeile gekennzeichnet.

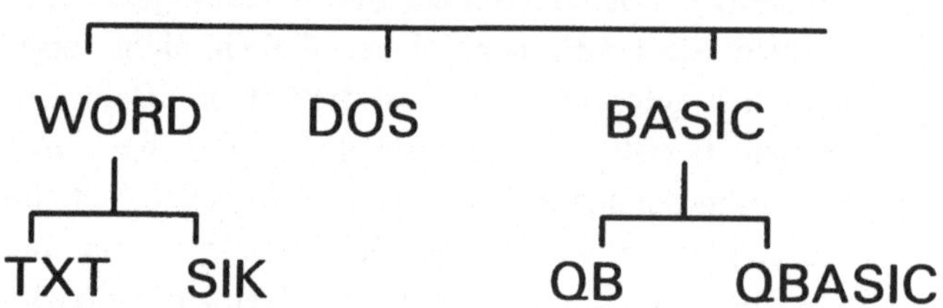

Abb 11.5 : Das Verzeichnis

Gehen Sie dabei wie folgt vor:

1. Über DATEI • VERZEICHNISSE ERSTELLEN können nun die Verzeichnisse der ersten Ebene, also WORD und BASIC angelegt werden. Ist ein Verzeichnisname bereits vorhanden, wird der

Zugriff verweigert und werden folgende Möglichkeiten angeboten:

```
1. Datei oder Verzeichnis übergehen und fortfahren
2. Erneuter Versuch mit dieser Datei/Verzeichnis
```

Die neuen Verzeichnisse werden sofort alphabetisch sortiert im Fenster »Verzeichnisstruktur« angegeben.

2. Die nächste Ebene wird angelegt, indem man in das Verzeichnis WORD wechselt (Anklicken des Verzeichnisses WORD). Das aktive Verzeichnis wird farbig abgesetzt, und im Fenster »Dateiliste« in der Kopfzeile erscheint C:\WORD. Nun können die Verzeichnisse TXT und SIK über DATEI • VERZEICHNISSE ERSTELLEN angelegt werden. Der Baum wird sofort angezeigt, so daß Sie immer den Überblick behalten.

3. Nun klicken Sie das Verzeichnis BASIC an und legen die Verzeichnisse QB sowie QBASIC an.

4. Gelöscht werden die Verzeichnisse, indem das gewünschte Verzeichnis angeklickt und über DATEI • LÖSCHEN das Verzeichnis entfernt (oder [Entf]) wird. Es können nur Verzeichnisse gelöscht werden, die leer sind. Sie dürfen auch keine Unterverzeichnisse enthalten.

Wie die Verzeichnisstruktur ein- und ausgeblendet wird, zeigen wir im Abschnitt »Verzeichnis«.

Hinweis: Kann ein Verzeichnis *nicht* gelöscht werden, so ist u.U. noch eine unsichtbare Datei vorhanden.

11.3.14 Der Befehl »Alles auswählen«

Mit dem Befehl »Alles auswählen« können Sie sämtliche Dateien im aktuellen Verzeichnis markieren. Der Befehl ist nur aktiv, wenn mindestens eine Datei im Fenster »Dateiliste« markiert ist.

Übung: Sie wollen alle Dateien aus dem Verzeichnis DOS zum Laufwerk B kopieren und so eine Sicherungskopie erstellen.

1. Sie wechseln in das Verzeichnis DOS und markieren über DATEI • ALLES AUSWÄHLEN alle Dateien mit allen Erweiterungen. Die Dateien werden invers dargestellt.

2. Über DATEI • KOPIEREN oder ⬚ wird der Kopierbefehl aktiviert. In einem Fenster wird ausgegeben, welche Datei kopiert wird. Ist der Datenträger voll, wird die Meldung:

```
Der Datenträger ist voll:
 1. Datei oder Verzeichnis übergehen und fortfahren
 2. Erneuter Versuch mit dieser Datei/Verzeichnis
```

3. Sie können nun die Diskette wechseln und mit <OK> die nächsten Dateien kopieren. Voraussetzung ist, daß der Pfad übereinstimmt, sonst wird die folgende Meldung ausgegeben:

```
Ungültiger Pfad
```

11.3.15 Der Befehl »Auswahl aufheben«

Mit dem Befehl »Auswahl aufheben« können Sie die Markierung von Dateien wieder rückgängig machen. Schneller geht dieser Vorgang jedoch, wenn Sie eine der markierten Dateien anklicken. Es ist dann nur noch diese Datei invers dargestellt.

11.3.16 Der Befehl Beenden

Mit dem Befehl »Beenden« oder ⬚+⬚ wird die DOS-Shell verlassen und die DOS-Shell aus dem RAM-Speicher entfernt. Im Gegensatz hierzu wird mit ⬚+⬚ die DOS-Shell nur verlassen, ohne Sie zu beenden. Sie können mit EXIT zur DOS-Shell zurückkehren.

```
C>EXIT ⬚
```

Hinweis: Das Verlassen der DOS-Shell über ⬚+⬚ ist vorteilhaft, wenn Sie nur kurz eine Arbeit aus der Betriebssystem-Ebene ausführen und dann zur Shell zurückkehren wollen. Das Zurückschalten über EXIT erfolgt ca. doppelt so schnell wie ein neuer DOS-Shell-Start.

Programmgruppen und Programm

Mehrere Programme können zu einer Gruppe zusammengestellt werden. Eine Gruppe kann ebenfalls eine Programmgruppe enthalten. Programmgruppen sind durch ein spezielles Icon im Grafik-Modus und mit eckigen Klammern im Text-Modus gekennzeichnet.

11.4 Das Optionen-Menü

Über das Menü OPTIONEN können Sie die folgenden Einstellungen vornehmen:

⇒ *Bestätigen:* Sie haben hier die Möglichkeit verschiedene Optionen explizit zu bestätigen, z.B. »Beim Löschen bestätigen«.

⇒ *Dateianzeige:* Über »Dateianzeige« können Sie die Dateiliste organisieren.

⇒ *Aus mehreren Verzeichnissen auswählen:* Es können Dateien aus mehreren Verzeichnissen angewählt werden.

⇒ *Informationen anzeigen:* Über die Datei, das Verzeichnis und den Datenträger usw.

⇒ *Programmumschaltung aktiv:* Mehrere Programme über den Task-Swapper organisieren.

⇒ *Anzeigemodus:* Grafik- oder Textmodus der Shell.

⇒ *Farbschema:*   Farbfestlegung für die DOS-Shell

11.4.1 Der Befehl Bestätigen

Mit dem Befehl »Bestätigen« haben Sie die Möglichkeit, beim Löschen oder Ersetzen von Dateien diesen Vorgang explizit bestätigen zu lassen. Damit wird verhindert, daß versehentlich Dateien gelöscht oder überschrieben werden.

Hinweis: Besonders als Einsteiger sollten Sie diese Option einschalten (X) und nur kurz für einige Operationen deaktivieren.

Die Option »Beim Löschen bestätigen« bedeutet, daß vor einem Löschvorgang über eine Dialogbox abgefragt wird, ob die Datei gelöscht werden soll. Sie haben nun die Möglichkeit, über das Tastenfeld <Ja> zu bestätigen oder mit <Nein> diese Datei zu überspringen, wenn mehrere Dateien markiert sind. Mit <Abbrechen> wird der Löschvorgang beendet.

Die Option »Beim Ersetzen bestätigen« bedeutet, daß vor einem Ersetzen von Dateien, z.B. bei einem Kopier- oder Bewegungsvorgang, über eine Dialogbox abgefragt wird, ob die Datei ersetzt werden soll. Sie haben nun die Möglichkeit, über das Tastenfeld <Ja> zu bestätigen oder mit <Nein> diese Datei zu überspringen, wenn mehrere Dateien markiert sind. Mit <Abbrechen> wird der Ersetzenvorgang beendet.

Achtung: Gleichgroße Dateien mit unterschiedlichem Datum müssen nicht identisch sein. Ebenso können gleich große Dateien mit gleichem Datum einen anderen Inhalt haben, wenn Sie z.B. an einem Tag mehrere Überarbeitungen vorgenommen haben.

Die Option »Bei Mausverwendung bestätigen« ermöglicht eine Meldung, wenn Sie Dateien mit der Maus verschieben oder kopieren.

11.4.2 Der Befehl Dateianzeige

Mit dem Befehl »Dateianzeige« können Sie Ihre Dateiliste organisieren. Sie können den Namen sowie die Erweiterung festlegen, versteckte Dateien sichtbar machen, die Dateien in auf- oder absteigender Reihenfolge listen und geordnet nach Name, Erweiterung, Datum, Größe und »Wie gespeichert« ausgeben.

Name | im Feld Name ist die Suchmaske *.* voreingestellt. Die Jokerzeichen * und ? können verwendet werden. Mit TE*.* werden z. B. nur Dateien gelistet, die mit TE anfangen. Mit TE*.BAS werden nur BASIC-Dateien gelistet, die mit TE beginnen. Diese Optionen sind vor allem im Zusammenhang mit dem Befehl »Löschen«, »Kopieren«, »Verschieben«, »Umbenennen« und »Attribut ändern« wichtig.

Versteckte Dateien und Systemd. | ermöglicht, unsichtbare Dateien im Feld »Dateiliste« sichtbar zu machen [X]. Sie sollten diese Option nur einschalten, wenn Sie unsichtbare Dateien bearbeiten wollen.

Absteigende Reihenfolge | bedeutet, daß Dateien, die alphabetisch sortiert sind, nun in umgekehrter Reihenfolge gelistet werden (von Z bis A). Dies kann z.B. wichtig sein, wenn die Dateien nach ihrer Größe sortiert sind und Sie besonders die Hauptdateien (große EXE-Dateien) überprüfen wollen.

Geordnet nach: *Name* | bedeutet, daß die Dateien in alphabetischer Reihenfolge gelistet werden (von A bis Z). Ist »Absteigende Reihenfolge« eingeschaltet [X], werden die Dateien in umgekehrter Reihenfolge gelistet (von Z bis A).

Geordnet nach: *Erweiterung* | bedeutet, daß die Dateien in alphabetischer Reihenfolge, bezogen auf die Dateierweiterung, gelistet werden (z.B. von ASM bis VID). Ist »Absteigende Reihenfolge« eingeschaltet [X], werden die Dateien in umgekehrter Reihenfolge gelistet (von VID bis ASM).

Geordnet nach: *Datum*	bedeutet, daß die Dateien in chronologischer Reihenfolge, bezogen auf das Speicherungsdatum, gelistet werden (z.B. von 1980 bis 1993). Ist »Absteigende Reihenfolge« eingeschaltet [X], werden die Dateien in umgekehrter Reihenfolge gelistet (z.B. von 1993 bis 1980).
Geordnet nach: *Größe*	bedeutet, daß die Dateien, bezogen auf die Dateigröße, gelistet werden (z.B. von 5 bis 300,100 Byte). Ist »Absteigende Reihenfolge« eingeschaltet [X], werden die Dateien in umgekehrter Reihenfolge gelistet (z.B. von 300.100 bis 5 Byte).
Geordnet nach: *Wie gespeichert*	bedeutet, daß die Dateien in der Reihenfolge ihrer Speicherung auf den Datenträger gelistet werden. Ist »Absteigende Reihenfolge« eingeschaltet [X], werden die Dateien in umgekehrter Reihenfolge gelistet. Diese Option ist nicht zu verwechseln mit »Datum«, da bei Datum das aktuelle Speicherungsdatum das Kriterium ist.

Beispiel:	Sie haben z.B. gestern drei neue Dateien in das Verzeichnis DOS kopiert, können sich aber nicht mehr an die Dateinamen erinnern. Lösen Sie das Problem!

1. Schalten Sie über OPTIONEN • DATEIANZEIGE auf »Wie gespeichert« um.

2. Die Dateien stehen nun am Ende oder Anfang des Verzeichnisses, je nachdem, ob »Absteigende Reihenfolge« ein- oder ausgeschaltet ist.

11.4.2 »Aus mehreren Verzeichnissen« wählen

Mit dem Befehl »Aus mehreren Verzeichnissen wählen« können Sie Dateien aus mehreren Verzeichnissen markieren und dann kopieren, verschieben, löschen, umbenennen und Attribute ändern. Schlagen Sie bei den einzelnen Befehlen in diesem Kapitel nach.

Ist diese Option eingeschaltet, wird dies durch eine kleine Raute
(♦) gekennzeichnet.

Hinweis: Um sicherzugehen, daß nicht versehentlich Dateien
aus anderen Verzeichnissen kopiert oder gelöscht
werden, sollte diese Option auf »aus« stehen.

11.4.3 Der Befehl »Informationen anzeigen«

Mit dem Befehl »Informationen anzeigen« erhalten Sie zahlreiche
Informationen über die markierte Datei, wie Name, Attribut und
Größe. Ebenso werden Informationen über das aktive Verzeich-
nis, wie Name, Größe und Anzahl der Dateien, ausgegeben. Über
den Datenträger erhalten Sie Informationen, wie Datenträgername
(Label), Gesamtgröße und verfügbarer Speicher in Byte sowie
Anzahl der Dateien und Verzeichnisse.

Diese Informationen erhalten Sie ebenfalls über ANZEIGE • NUR
DATEIEN, dann ist aber die Option »Informationen anzeigen« gesperrt.

Name   gibt den Namen des markierten Programms an.

Attribute   definiert die gesetzten Attribute.

r   read-only (schreibgeschützte Datei)

h   hidden (versteckte Datei)

s   system (System-Datei)

a   attribut (Attribut wird gesetzt)

Ausgewählt   definiert, welche Laufwerke aktiv (z.B. B und C)
und wie viele Dateien markiert sind, sowie die
Summe der markierten Dateien in Byte, z.B.:

```
Ausgewählt      B      C
Anzahl    :     1      2
Größe     :     34566
```

Verzeichnis   gibt die Daten des Verzeichnisses an, wie Verzeichnisname (z.B. DOS), Größe (z.B. 2.362.477
Byte) und Dateien (Anzahl der Dateien z.B. 91).

Datenträger   gibt die Datenträgerbezeichnung an (z.B. DOS60), die Größe in Byte, den freien Speicherplatz sowie die Anzahl der Dateien und Verzeichnisse, die auf dem Datenträger vorhanden sind.

11.4.4 Programmumschaltung aktivieren

Mit dem Befehl »Programmumschaltung aktivieren« wird der Task-Swapper aktiviert. Ist der Modus »Programme und Dateien« aktiv, wird ein neues Fenster »Aktive Programme« unten rechts aufgemacht.

Haben Sie zur Zeit »Zweifache Dateiliste« eingeschaltet, so wählen Sie über ANZEIGE • PROGRAMME UND DATEIEN den neuen Anzeigemodus. Der Bildschirm wird neu aufgebaut, und im unteren Bildschirmbereich wird die »Hauptgruppe« eingeblendet.

Wählen Sie nun über OPTIONEN • PROGRAMMUMSCHALTUNG AKTIVIEREN an, so wird das Fenster »Hauptgruppe« geteilt, und das Fenster »Aktive Programme« wird geöffnet. Daß die Option »Programmumschaltung aktivieren« eingeschaltet ist, wird durch eine kleine Raute gekennzeichnet.

11.4.5 Der Task-Swapper

Es gibt mehrere Möglichkeiten, mit dem Task-Swapper zu arbeiten. Starten Sie ganz normal eine Datei, z.B. den Editor EDIT, indem Sie im Verzeichnis DOS EDIT anklicken. Wenn Sie den Editor mit [Alt]+[Esc] oder [Strg]+[Esc] verlassen und in die DOS-Shell zurückkehren, bleibt EDIT als aktives Programm in der Task-Liste vorhanden.

Starten Sie nun den QBASIC-Interpreter und verfahren Sie, wie gerade beschrieben, so wird der QBASIC-Interpreter ebenfalls in die Task-Liste aufgenommen.

Achtung: Bevor Sie die DOS-Shell verlassen, müssen alle Tasks (Programme) geschlossen werden. Dies erreichen Sie, indem Sie das Programm im Fenster »Aktive Programme« anklicken und über »Ende« oder »Quit«, je nach Programm, verlassen. Sie gelangen in die DOS-Shell zurück, und das Programm wird automatisch aus der Task-Liste entfernt.

Die Programme können ebenfalls mit ⬆ *Dateiname* in die Task-Liste aufgenommen werden. Damit erfolgt nur eine Eintragung in das Fenster »Aktive Programme«, nicht jedoch der Programmstart.

Sie können ebenfalls Programme aus der Hauptgruppe in die Task-Liste übernehmen. Die DOS-Shell fragt nun ab, welche Datei mit dem Programm der Hauptgruppe verknüpft werden soll.

Umschalten zwischen den Programmen

Es gibt mehrere Möglichkeiten, zwischen den einzelnen Programmen hin- und herzuschalten.

[Strg]+[Esc]   schaltet vom aktiven Programm in die DOS-Shell zurück.

[Alt]+[⇄]   wechselt von einem zum anderen Programm. Wollen Sie zum übernächsten Programm wechseln, müssen Sie diese Tastenkombination zweimal drücken.

[Alt]+[Strg]   wechselt zum nächsten Programm.

[⇧]+[Alt]+[Esc]   wechselt zum vorherigen Programm.

[⇧]+[Alt]+[⇄]   wechselt zu den vorherigen Programmen.

[Strg]+[Buchst]   wechselt zum Programm, welches mit einem
[Alt]+[Buchst]   Buchstaben [Buchst] definiert ist.
[⇧]+[Buchst]

Übung: Es sollen die Programme EDIT.COM, GORIL-
             LA.BAS (oder ein anderes Spiel) und QBASIC.EXE
             in einer »Konferenzschaltung« bearbeitet werden.

1. Halten Sie die ⬆-Taste gedrückt, und wählen Sie die ge-
    wünschten Programme an (z.B. EDIT.COM, QBASIC.EXE
    usw.). Die Programme werden im Fenster »Aktive Program-
    me« eingetragen.

2. Starten Sie nun GORILLA.BAS (oder ein anderes BASIC-
    Programm) aus dem Fenster »Dateiliste«. Da BASIC-Pro-
    gramme in der Regel mit dem QBASIC-Interpreter gekoppelt
    sind, wird das Programm geladen und automatisch gestartet.

3. Wenn nun der Chef kommt, schalten Sie mit ⟨Alt⟩+⟨⇄⟩ in die
    Textverarbeitung (EDIT) oder zum QBASIC-Interpreter. Sie
    können nun, ähnlich wie in Windows, zwischen den einzelnen
    Anwendungen hin- und herschalten sowie mehrere Programme
    und Texte gleichzeitig verwalten und bearbeiten.

4. Mit ⟨Strg⟩+⟨Esc⟩ gelangen Sie in die DOS-Shell zurück, ohne das
    Programm aus der Task-Liste zu streichen. Das Programm
    GORILLA.BAS wurde automatisch in die Task-Liste (Aktive
    Programme) eingetragen.

5. Die Programme werden aus der Task-Liste entfernt, indem
    man das Programm ordnungsgemäß verläßt (über Quit oder
    Ende, je nach Programm) oder das entsprechende Programm
    im Fenster »Aktive Programme« anwählt und ⟨Entf⟩ betätigt. Die
    DOS-Shell gibt eine Warnung aus, daß Datenverluste entste-
    hen können.

Beispiel: Sie haben mit EDIT einen Text bearbeitet, diesen
             jedoch noch nicht gespeichert. Löschen Sie EDIT
             und bestätigen Sie den Löschvorgang, sind alle
             Änderungen verloren.

Einsatz der Programmliste

Mit der Programmliste können Sie mehrere Programme zusammenfassen und verwalten. Eine »Gruppe« ist die Bezeichnung für mehrere Programme, die zusammengehören. Gruppen können auch Programmgruppen beinhalten.

Gruppen werden durch ein Icon im Grafik-Modus oder durch Klammern um den Gruppennamen im Text-Modus gekennzeichnet. Es können Gruppen und Programme in eine Programmliste eingefügt, gelöscht oder deren Eigenschaften geändert werden.

In der Hauptgruppe gibt es zum Beispiel die Programme »Editor«, »Eingabeaufforderung« usw. Die Gruppe »Dienstprogramme« besteht z.B. aus den Programmen »Diskette kopieren DISK-COPY«, »Festplatte sichern« usw.

Hinweis: Haben Sie bereits mit der Version 5.0 gearbeitet, werden alle Programme und Programmgruppen übernommen.

Ist das Fenster »Hauptgruppe« oder »Aktive Programme« angewählt, ändern sich die Optionen im DATEI-Menü. Sie haben nun folgende Möglichkeiten:

```
Neu...
Öffnen
Kopieren
Löschen...
Eigenschaften...
Umordnen
Ausführen...
Beenden
```

Der Befehl Programmgruppe »Neu«

Mit dem Befehl »Neu« fügen Sie einer bereits bestehenden Programmgruppe ein neues Programm zu. Der Befehl »Neu» wird erst aktiv, wenn im unteren linken Fenster eine Programmgruppe aktiv ist. Um eine neue Gruppe hinzuzufügen, benötigen Sie vier Arbeitsschritte:

1. Öffnen Sie die Gruppe, der Sie eine neue Gruppe hinzufügen möchten.

2. Wählen Sie über DATEI den Befehl »Neu« an.

3. Über die Dialogbox »Neues Programmobjekt« klicken Sie
    Programmgruppe oder »Programm« an und bestätigen mit ⏎
    oder mit dem Tastenfeld <Ok>.

4. Mit der Dialogbox »Programm hinzufügen« definieren Sie den
    Programmtitel, Befehl(e) usw.

Programmtitel:	Ein Name bis zu 27 Buchstaben, der das Programm treffend beschreibt.
Befehl:	Programmname des zu ladenden Programms.
Verzeichnis:	Verzeichnis, in dem das Programm steht.
Abkürzungs-taste:	definiert eine Tastenkombination, mit der Sie direkt das gewünschte Programm ansteuern. Sie brauchen somit nicht mit Strg+Esc alle Programme durchzuschalten. Dies ist besonders bei langsamen Rechnern wichtig. Gültige Tastenkombinationen werden mit Alt, Strg, ⇧ und einem zusätzlichen Buchstaben vereinbart, z.B. Alt+T. Einige Tastenkombinationen dürfen nicht verwendet werden (siehe nächste Seite). Nach Betätigung der Tastenkombination erscheint diese im Feld »Abkürzungstasten«.
Warten nach Beenden:	legt fest, daß MS-DOS nach Beenden des Programms die Meldung ausgibt: »Weiter nach Tastendruck« (an =[X]). Ist dieses Kästchen nicht markiert, wird ohne Tastendruck zur DOS-Shell zurückgekehrt. Diese Option ist wichtig, wenn nach Beendigung eines Programms eine Mitteilung oder ein Ergebnis ausgegeben wird.

Kennwort: schützt das Programm vor fremdem Zugriff. Das Programm kann demnach nur noch von Benutzern gestartet werden, die das Kennwort wissen. Merken Sie sich dieses Wort gut oder schreiben Sie es auf. Es empfiehlt sich, nur ein Kennwort für mehrere Programme zu verwenden. Achten Sie darauf, daß Sie sich bei der Eingabe des Kennwortes nicht vertippen. Die DOS-Shell unterscheidet zwischen Groß- und Kleinschreibung. Das Kennwort kann über »Eigenschaften« geändert werden. Dieses setzt jedoch voraus, daß Sie das Kennwort wissen, da es abgefragt wird, bevor Sie in die Dialogbox »Programmeigenschaften« kommen.

Beachten Sie die Tastenkombinationen, die nicht verwendet werden dürfen. Werden Sie dennoch benutzt, erscheint im Eingabe-Fenster die Bemerkung (keine).

`Strg`+`C`

`Strg`+`M`

`Strg`+`I`

`Strg`+`H`

`Strg`+`[`

`Strg`+`5`

`⇧`+`Strg`+`M`

`⇧`+`Strg`+`I`

`⇧`+`Strg`+`H`

`⇧`+`Strg`+`[`

`⇧`+`Strg`+`5`

Neues Programmobjekt erstellen

Wir wollen das Textverarbeitungsprogramm WORD aus dem Verzeichnis C:\WORD5 starten. Dazu klicken Sie die Hauptgruppe an und wählen über DATEI den Befehl »Neu«. Da »Programm« 

voreingestellt ist, brauchen Sie nur mit der ⏎-Taste oder dem
Tastenfeld <OK> bestätigen. In die Dialogbox »Programmeigenschaften« geben Sie die folgenden Daten ein:

```
Programmtitel: WORD
Befehl(e): WORD
Anfangsverzeichnis: C:\WORD5
Abkürzungstaste für Programm: ALT+W
[X] Warten nach Beenden  Kennwort: xyz
```

Zwischen den einzelnen Eingabemöglichkeiten wird mit ⇄ und
⇧+⇄) hin- und hergewechselt.

Nach Bestätigung mit ⏎ oder <OK> wird das Icon mit dem
waagerechten Strich mit der Kennzeichnung WORD eingegeben.

Word

Sie können nun das Programm bequem aus der Hauptgruppe starten, indem Sie WORD anklicken. Haben Sie ein Kennwort eingegeben, wird dieses über die Dialogbox »Kennwort« abgefragt.
Verlassen Sie WORD über Alt+Esc, bleibt das Programm aktiv
und wird im Fenster »Aktive Programme« eingeblendet (WORD
(STRG+). Sie können nun weitere Programme aktivieren und zwischen den Anwendungen hin- und herwechseln.

Neue Programmgruppe erstellen

Ist die Hauptgruppe angewählt, können Sie über DATEI • NEU •
PROGRAMMGRUPPE eine neue Programmgruppe öffnen. Wir werden dies gleich an einem Beispiel zeigen.

Die Programmgruppe TOOLs soll die Programme FORMAT und
den Virenscanner VSAVE aufnehmen.

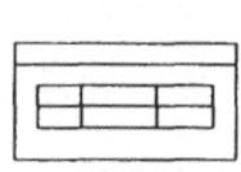
TOOLs

1. Wählen Sie das Fenster »Hauptgruppe« und den Befehl »Neu«
   über das Menü »Datei« an. Nun klicken Sie »Programmgruppe« an oder verwenden die Cursorsteuertaste ⬆. Bestätigung
   mit ⏎ oder <OK>.

▦ TOOLs

2. In der Dialogbox »Programmgruppe hinzufügen« geben Sie
   einen Namen bis 27 Buchstaben an, in unserem Fall TOOLs.
   Mit ⇄ oder Mausklick wird das Feld »Hilfe-Text« angesteuert. »Hilfe-Text« und »Kennwort« sind optionale Angaben, die

Sie angeben können, aber nicht müssen. Für »Hilfe-Text« geben Sie »Hilfe-Tools« und für Kennwort »Geheim« ein.

3. Bestätigen Sie mit ⏎ oder <OK>, dann wird die neue »Programmgruppe« in die Hauptgruppe eingefügt. Die Programmgruppe ist im Grafik-Modus wie das Icon bei Disk Utilities und im Text-Modus durch eckige Klammern gekennzeichnet.

4. Klicken Sie TOOLs an und das Kennwortes, falls ein Kennwort übergeben wurde. Sie wechseln dann in die Programmgruppe »TOOLs«.

5. Nun können Sie, wie bereits geübt, die Programme VSAVE usw. über DATEI • NEU • PROGRAMM definieren.

Hinweis: Aus der Programmgruppe »TOOLs« können weitere Programmgruppen verzweigen. Üben Sie dies, indem Sie die Programmgruppe »Test« anlegen. Klicken Sie nun »Test« an, gelangen Sie in die Programmgruppe »Test«. Über »TOOLs«, »Hauptgruppe« kommen Sie zum Ausgangspunkt zurück.

11.4.6 Der Befehl Programmgruppe »Öffnen«

Über den Befehl »Öffnen« können Sie Programme aus der Programmgruppe starten oder in eine andere Programmgruppe wechseln. Ist das Programm oder die Programmgruppe über Kennwort geschützt, erfolgt die Abfrage über die Dialogbox »Kennwort«.

Der Befehl Programmgruppe »Kopieren«

Mit dem Befehl »Kopieren« können Sie Programme aus der Haupt- oder einer Programmgruppe in eine andere Programmgruppe kopieren.

Beispiel: Wir wollen das Programm WORD aus der Haupt-Gruppe in die Programmgruppe TOOLs kopieren.

1. Dazu wählen Sie das Programm WORD, steuern über »Datei« den Befehl »Kopieren« an.

2. Wählen Sie nun die Zielgruppe (TOOLs) durch Doppelklick an und wechseln in die Programmgruppe »TOOLs«.

3. Bestätigen Sie den Kopiervorgang mit [F2].

Auf diese Weise können Sie auch Programme in einer Haupt- oder Programmgruppe duplizieren und mit anderen Parametern versehen.

Wird der Kopier-Befehl nicht ordnungsgemäß abgeschlossen, meldet dies die DOS-Shell mit der Dialogbox »Modus Kopieren/Umordnen«. Sie müssen dann den Umordnungs/Kopier-Vorgang mit [Esc] abbrechen. Erst jetzt können Sie z.B. in das Fenster »Verzeichnisstruktur« oder »Datei-Liste« wechseln.

11.4.7 Der Befehl Programmgruppe »Löschen«

Mit dem Befehl »Löschen« können Sie Programme aus der Haupt- oder einer Programmgruppe entfernen.

Beispiel: Löschen Sie das Programm WORD aus der Haupt-Gruppe .

1. Klicken Sie das Programm WORD an und löschen es über DATEI • LÖSCHEN oder mit [Entf]. Über die Dialogbox »Programmobjekt löschen« wird abgefragt:

    ```
    1. Dieses Programm löschen?
    2. Dieses Programm nicht löschen?
    ```

2. Über <OK> wird der Vorgang bestätigt und mit dem Tastenfeld <Abbrechen> abgebrochen.

Befehl Programmgruppe »Eigenschaften«

Mit dem Befehl »Eigenschaften« können die definierten Parameter geändert werden. Ist das Programm oder die Programmgruppe über Kennwort geschützt, können die Daten nur geändert werden, wenn das richtige Kennwort übergeben wurde.

Bei der Dialogbox »Kennwort« wird nicht das Kennwort ausgegeben, sondern jeder Buchstabe durch ein Sternchen (*) dokumentiert. Damit wird verhindert, daß ein Unberechtigter Kenntnis von ihrem Kennwort erhält.

Wird ein Programm geändert, wird die Dialogbox »Programmeigenschaften« gelistet. Ebenso kann eine Programmgruppe geändert werden, indem über die Dialogbox »Eigenschaften der Programmgruppe« die Daten editiert werden.

Der Befehl Programmgruppe »Umordnen«

Mit dem Befehl »Umordnen« können Sie Programme oder Programmgruppen verschieben.

Beispiel: Die Programmgruppen sollten wegen der Übersichtlichkeit immer zu Beginn des Fensters Hauptgruppe stehen. Die Programmgruppen Dienstprogramme und TOOLs soll daher an den Anfang geschoben werden.

1. Klicken Sie die Programmgruppe »Dienstprogramme « an und wählen über DATEI den Befehl »Umordnen« an.

2. Nun klicken Sie die Stelle an, an der nun das Icon stehen soll.

3. Das Gleiche wird mit der Programmgruppe »TOOLs« durchgeführt.

Hinweis: Wird der Umordnungs-Befehl nicht ordnungsgemäß abgeschlossen, meldet dies die DOS-Shell mit der Dialogbox »Modus Kopieren/Umordnen«. Sie müssen dann den Umordnungs/Kopier-Vorgang mit ⌷Esc⌷ abbrechen. Erst jetzt können Sie z.B. in das Fenster »Verzeichnisstruktur« oder »Datei-Liste« wechseln.

Der Befehl Programmgruppe »Ausführen«

Mit dem Befehl »Ausführen« können Sie zusätzliche Parameter an das auszuführende Programm übergeben.

Wählen Sie über »Datei« den Befehl »Ausführen« an, und geben Sie den Pfad der Programmdatei mit den gewünschten Optionen an. Bestätigen Sie die Auswahl mit ⌷↵⌷ oder <OK>.

Der Befehl Programmgruppe »Beenden«

Mit dem Befehl »Beenden« verlassen Sie die DOS-Shell, und die Shell wird aus dem Speicher entfernt.

11.4.8 Umgang mit den Programmgruppen

In den gerade bearbeiteten Abschnitten haben wir kennengelernt,
wie leistungsfähig Programmgruppen sind und wie häufig wieder-
kehrende Arbeiten besser organisiert werden können. Nun wollen
wir diese Kenntnisse weiter vertiefen.

Parameterübergabe an Programme

Wie bereits bei den Stapeldateien besprochen, kann man über die
Variablen %1 bis %9 Parameter übergeben.

Übung: Wir wollen nun in die Programmgruppe »Dienstprogramme« den LABEL-Befehl einfügen

1. Klicken Sie »Dienstprogramme« an und wechseln in die definierte Programmgruppe. Über DATEI • NEU • PROGRAMM wird
   das neue Programm LABEL hinzugefügt.

2. Geben nun die folgenden Daten ein:

```
Programmtitel: Disketten beschriften
Befehl(e): LABEL %1
Anfangsverzeichnis: C:\DOS
Abkürzungstaste für Programm: ALT+L
[X] Warten nach Beenden   Kennwort:
```

Für jede Variable werden nun die Programmeigenschaften abgefragt:

Titel des Dialog-   *Disketten-Label*
feldes:

Programminforma-   *Mit diesem Tool wird ein Disketten-Label*
tionen: *vergeben. Der Name sollte aussagekräftig*
                        sein, z.B. WORD_TXT1

Aufforderungstext: *max. 11 Zeichen*

Vorschlag: *A:*

Die Daten können jederzeit über »Eigenschaften« geändert werden. Wenn Sie in der Programmgruppe »Dienstprogramme« das
neue Programm »Disketten beschriften« anklicken und ⌨ drük-

ken, wird die Dialogbox »Hilfe für Disketten beschriften« ausgegeben. Es wird die folgende Information ausgegeben:

`Für dieses Thema ist keine Hilfe verfügbar`

Weitere Eigenschaften festlegen

Wir wollen nun für das Programm »Disketten beschriften« weitere Eigenschaften festlegen. Dazu wird das Programm in der Programmgruppe »Dienstprogramme« angeklickt und der Befehl »Eigenschaften« gewählt. Über das Tastenfeld »Weitere...« wird die Dialogbox »Programmeigenschaften« geöffnet. Sie haben nun die Möglichkeit, zusätzliche Eigenschaften zu definieren.

Weitere Informationen entnehmen Sie Ihrem Handbuch oder weiterführender Literatur.

11.4.9 Der Befehl Anzeigemodus

Mit dem Befehl »Anzeigemodus« können Sie die Bildschirmanzeige je nach Ihrer Hardware-Ausstattung einstellen. Mit einer VGA-Karte haben Sie folgende Einstellungsmöglichkeiten:

Modus	Zeilen	Bemerkung
Text	25 Zeilen	Niedrige Auflösung
Text	43 Zeilen	Hohe Auflösung 1
Text	50 Zeilen	Hohe Auflösung 2
Grafik	25 Zeilen	Niedrige Auflösung

Modus	Zeilen	Bemerkung
Grafik	30 Zeilen	Mittlere Auflösung 1
Grafik	43 Zeilen	Hohe Auflösung 1
Grafik	60 Zeilen	Hohe Auflösung 2

Mit einer Hercules-Karte sind folgende Einstellungen möglich:

Modus	Zeilen	Bemerkung
Text	25 Zeilen	Niedrige Auflösung 1
Text	25 Zeilen	Niedrige Auflösung 2
Grafik	25 Zeilen	Niedrige Auflösung
Grafik	43 Zeilen	Hohe Auflösung

Abb. 11.6: DOS-Shell im Text-Modus 25 Zeilen

Der aktuelle Modus wird in der Kopfzeile der Dialogbox »Anzeigemodus« ausgegeben. Über das Tastenfeld <Ansicht> kann die Einstellung überprüft werden. Es erfolgt keine Umstellung. Nach »Abbrechen« oder ⎋ wird der voreingestellte Modus aktiviert.

Über das Tastenfeld <OK> oder mit ⏎ wird auf den neuen Bildschirmmodus umgestellt.

11.4.10 Der Befehl Farbschema

Mit dem Befehl »Farbschema« können Sie die unterschiedlichen Farbschemata bestimmen. Mit einer VGA-Karte können Sie im Grafik-Modus unter anderem folgende Farben anwählen:

⇒ Basic Blue

⇒ Ozean

⇒ Monochrom-2 Farben

usw.

Mit einer Hercules-Karte sind folgende Einstellungen möglich:

⇒ Monochrom-2 Farben

⇒ Monochrom-4 Farben

⇒ Invertiert

Das aktuelle Farbschema wird in der Kopfzeile der Dialogbox »Farbschema« ausgegeben. Über das Tastenfeld <Ansicht> kann die Einstellung überprüft werden. Es erfolgt keine Umstellung.

Mit »Abbrechen« oder ⌨ wird der voreingestellte Modus aktiviert. Über das Tastenfeld <OK> oder mit ⌨ wird auf den neuen
Bildschirmmodus umgestellt.

Hinweis: Die verfügbaren Farbschemata sind in der Datei
DOSSHELL.INI definiert und können dort von einem
geübten DOS-Nutzer editiert werden. Bevor Sie die
Datei ändern, kopieren Sie die Datei sicherheitshal-
ber auf Diskette oder in ein anderes Verzeichnis.

11.5 Das Anzeige Menü

Mit dem ANZEIGE Menü können Sie Ihren Bildschirm organisieren. Es sind folgende Einstellungen möglich:

⇒ Einfache Dateiliste

⇒ Zweifache Dateiliste

⇒ Nur Dateien

⇒ Programme und Dateien

⇒ Nur Programme

⇒ Anzeige neu aufbauen

⇒ Aktualisieren

11.5.1 Einfache Dateiliste

Mit dem Befehl »Einfache Dateiliste« wird der Bildschirm in zwei
Hälften eingeteilt. Links wird die Verzeichnisstruktur (Baum) und
rechts die Dateiliste des aktuellen Verzeichnisses ausgegeben.
Diese Option sollten Sie wählen, wenn Sie Dateien kopieren wollen, da z.B. im Modus 30 Zeilen (Grafik) 23 Dateien abgebildet
werden können, im Modus 60 Zeilen sind es sogar 53 Dateien.

11.5.2 Zweifache Dateiliste

Mit dem Befehl »Zweifache Dateiliste« wird der Bildschirm in
vier Felder eingeteilt. Links oben wird die Verzeichnisstruktur
(Baum) und rechts oben die Dateiliste der ersten Dateiliste des

aktuellen Verzeichnisses ausgegeben und im unteren Bildschirmbereich die zweite Dateiliste.

Im Modus 30 Zeichen (Grafik) werden jetzt nur noch 10 Dateien abgebildet. Es ist nun aber möglich, in unterschiedlichen Verzeichnissen zu blättern. Besonders sinnvoll ist diese Einstellung, wenn die Option »Aus mehreren Verzeichnissen auswählen« im Menü »Optionen« eingeschaltet ist. Sie können nun in verschiedenen Verzeichnissen Dateien markieren und diese dann »Schieben«, »Kopieren«, »Umbenennen« usw. Natürlich ist es auch möglich, unterschiedliche Laufwerke anzusteuern.

11.5.3 Der Befehl Nur Dateien

Mit dem Befehl »Nur Dateien« werden alle Dateien des definierten Laufwerks gelistet, und zwar abhängig von der Option, die Sie über OPTION • DATEIANZEIGE eingestellt haben. Ist die Option »Geordnet nach: Name« und »Absteigende Reihenfolge« ausgeschaltet, werden die Dateien alphabetisch gelistet.

Sie erhalten die gleichen Informationen wie mit dem Befehl »Informationen anzeigen« im Menü »Optionen«.

Sie können mit dieser Einstellung zum Beispiel überprüfen, ob Dateien mehrfach auf einem Datenträger vorhanden sind. Sind gleichnamige Dateien unterschiedlich groß, so kann es daran liegen, daß die neue Datei überarbeitet wurde.

Ist die Option »Dateianzeige« z.B. auf *.TXT gestellt, können Sie alle Textdateien in sämtlichen Verzeichnissen überprüfen.

11.5.4 Der Befehl Programme und Dateien

Mit dem Befehl »Programme und Dateien« wird die Hauptgruppe unten links oder eine entsprechende Programmgruppe eingeblendet. Ist die Option »Programmumschaltung aktiviert« eingeschaltet, wird unten rechts das Fenster »Aktive Programme« eingeblendet.

Da mit den Programmgruppen sehr elegant und schnell gearbeitet werden kann, sollte diese Option meist eingestellt sein (siehe den Abschnitt »Programmgruppe« in diesem Kapitel).

11.5.5 Der Befehl Nur Programme

Mit dem Befehl »Nur Programme« wird das Fenster »Verzeichnisstruktur« und »Dateiverzeichnis« weggeblendet, und der gesamte Bildschirm wird für die Programmgruppen und, wenn eingestellt, für die aktiven Programme bereitgestellt.

Diese Option sollten Sie nur verwenden, wenn Sie in einer Programmgruppe sehr viele Programme verwalten. Für die Übersichtlichkeit ist es aber immer sinnvoll, neue Programmgruppen anzulegen.

11.5.6 Der Befehl Anzeige neu aufbauen

Mit dem Befehl »Anzeige neu aufbauen« oder ⇧+F5 wird der Bildschirm neu aufgebaut. Mit diesem Befehl wird nicht die Dateiliste aktualisiert.

11.5.7 Der Befehl Aktualisieren

Mit dem Befehl »Aktualisieren« oder F5 wird die Dateiliste aktualisiert. Dies ist z.B. notwendig, wenn Sie Dateien kopiert, umbenannt oder verschoben haben. Die Dateiliste wird automatisch gelesen und aktualisiert, wenn Sie z.B. auf das Laufwerk B umschalten. Wurden aber z.B. alle Datenträger gelesen, erfolgt die Umschaltung, ohne daß die Dateiliste aktualisiert wird. Wird nun eine Diskette gewechselt, so wird das Verzeichnis der vorherigen Diskette gelistet. Sie müssen dann mit der Funktionstaste F5 oder mit dem Befehl »Aktualisieren« die Shell anweisen, das Verzeichnis des aktuellen Laufwerks erneut zu lesen.

11.6 Das Menü Verzeichnis

Mit dem Menü VERZEICHNIS können Sie das Fenster »Verzeichnisstruktur« organisieren.

11.6.1 Der Befehl Nächste Ebene einblenden

Mit dem Befehl »Nächste Ebene einblenden« oder mit der ⊡-Taste können Sie die nächste Ebene im Fenster »Verzeichnisstruktur« einblenden. Ein Plus-Zeichen im Icon »Datei« kennzeichnet, daß weitere Unterverzeichnisse vorhanden sind.

Die nächste Ebene wird eingeblendet, indem man in das Fenster »Verzeichnisstruktur« wechselt, das gewünschte Verzeichnis ansteuert (⬆, Bild↓ usw.) und die Plustaste drückt (oder VERZEICHNIS • NÄCHSTE EBENE EINBLENDEN.).

Einfacher kann jedoch das nächste Verzeichnis sichtbar gemacht werden, indem das entsprechende mit einem Pluszeichen gekennzeichnete Icon angeklickt wird.

Mit dem Minuszeichen (-) oder dem »Zweig ausblenden« kann das Unterverzeichnis wieder weggeklappt werden. Mit der Maus wird analog das Minuszeichen angeklickt.

11.6.2 Der Befehl Zweig einblenden

Mit dem Befehl »Zweig einblenden« wird der gesamte Zweig eines Verzeichnisses eingeblendet, wogegen mit dem Befehl »Nächste Ebene« nur eine Ebene tiefer angezeigt wird.

11.7.3 Der Befehl »Alle Ebenen einblenden«

Mit dem Befehl »Alle Ebenen einblenden« oder Strg+ ⊡ werden im Fenster »Verzeichnisstruktur« alle Ebenen sämtlicher Verzeichnisse eingeblendet. Die Ebenen werden durch Anklicken des Minuszeichens wieder weggeklappt.

11.7.4 Der Befehl Zweig ausblenden

Mit dem Befehl »Zweig ausblenden« oder der ⊟-Taste wird der angewählte Zweig ausgeblendet. Die Zweige können einzeln oder komplett ausgeblendet werden, indem das Minuszeichen der ersten Ebene angeklickt wird.

12 Die Windows-Hilfsmittel

In diesem Kapitel werden nun die Windows-Tools der Version 6.0 beschrieben. Da in diesem Kapitel speziell auf die Version 6.0 Bezug genommen wird, entfällt das MS-DOS 6.0-Icon.

Achtung: Die nachfolgenden Befehle laufen nur im Zusammenhang mit Windows ab der Version 3.0. Sie können natürlich auch die DOS-Programme laden oder diese nachträglich installieren!

Ab der Version 6.0 gibt es drei neue Windows-Tools. Diese werden bei der Installation sofort in die vom Installationsprogramm erzeugte Gruppe »Microsoft Hilfsmittel« eingefügt:

⇒ **Anti-Virus:** Durchsucht den Speicher und die Festplatte nach Viren.

⇒ **Undelete:** Rettet versehentlich gelöschte Dateien.

⇒ **Backup:** Stellt ein komfortables Programm zum Sichern der Daten von Festplatte auf Diskette und umgekehrt zur Verfügung.

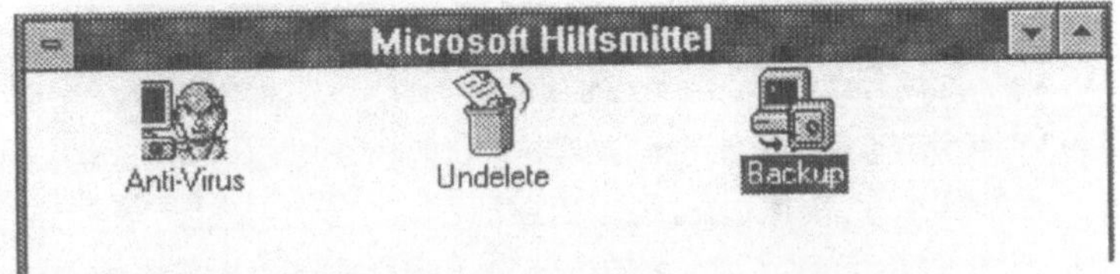

Abb. 12.1: Die Programmgruppe »Microsoft Hilfsmittel«

Die Programme sind auch als DOS-Version vorhanden. Entscheiden Sie bei der Installation, ob Sie nur die DOS-, die Windows-Version oder beide installieren wollen.

12.1 Das Programm Anti-Virus

Das Programm »Anti-Virus« durchsucht den Speicher und den Datenträger nach Viren. Im Jahre 1992 wurden die Rechnerbenutzer durch den Michelangelo-Virus aufgeschreckt, der am 06.03.92 drohte, die Daten auf zahllosen Festplatte zu vernichten.

Mittlerweile gibt es über 20 Viren-Scanner (Viren-Suchprogramme), die mit unterschiedlichen Leistungsmerkmalen aufwarten. Sicherlich ist ein Viren-Suchprogramm immer noch kein 100prozentiger Schutz gegen Viren, denn es gibt immer wieder neue Viren, die das Suchprogramm evtl. nicht erkennt. Trotzdem sollten Sie regelmäßig Ihr System »checken«, um vor unliebsamen Überraschungen einigermaßen sicher zu sein.

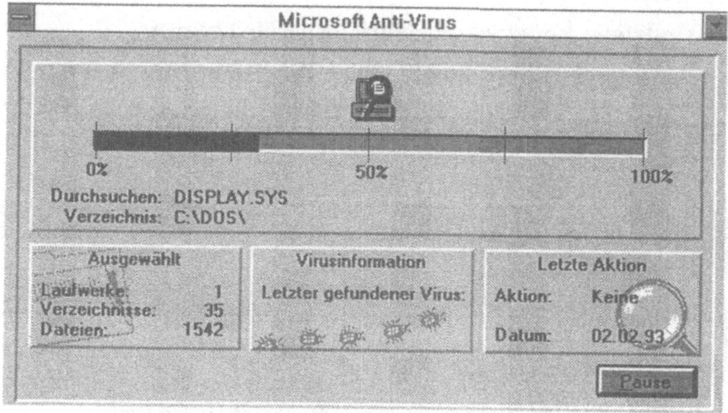

Abb. 12.2 Das Virensuch-Programm

Das Programm »Anti-Virus« ist von Central-Point und Microsoft hat die Lizenz für dieses Produkt gekauft. Es ist sehr leicht zu bedienen. Zu jedem Problem erhalten Sie mit F1 eine Hilfe.

12.1.1 Viren suchen

Klicken Sie das entsprechende Laufwerk an und bestätigen Sie den Suchvorgang durch das Tastenfeld <Erkennung>. Mit dem Tastenfeld <Erkennung und Beseitigung> wird ebenfalls der RAM-Speicher durchsucht. Nach dem »Check« wird eine Liste der Verzeichnisse und Dateien mit der Anzahl der gefundenen und bereinigten Viren angezeigt. Die Suche kann ebenfalls über das Pull-Down-Menü DURCHSUCHEN erfolgen: DURCHSUCHEN • ERKENNUNG oder DURCHSUCHUNG • BESEITIGUNG.

12.1.2 Optionen einstellen

Über OPTIONEN • OPTIONEN EINSTELLEN ist es möglich, den Suchvorgang festzulegen. Sie haben dort folgende Einstellungsmöglichkeiten:

⇒ *Integrität überprüfen:* Mit dieser Einstellung wird die Prüfsumme einer Datei überprüft. Bei einer Veränderung wird eine Warnung ausgegeben.

⇒ *Neue Prüfsummen erstellen:* Diese Option legt fest, daß die Integrität überprüft wird. Das bedeutet, daß Programm- und Systemdateien auf Veränderung überprüft werden. Veränderungen solcher Dateien deuten auf einen Virus hin.

⇒ *Prüfsumme auf Diskette erstellen:* Mit dieser Option wird für jedes Verzeichnis eine Datei angelegt. In dieser Datei wird die Statistik über Dateigröße, Datum usw. abgespeichert. MSAVW kann dann bei späteren »Checks« sehr schnell feststellen, ob sich Veränderungen ergeben haben. Die Prüfsummendatei kann über DURCHSUCHEN • CHKLIST-DATEIEN LÖSCHEN wieder entfernt werden.

⇒ *Signalton deaktivieren:* Schaltet den Signalton aus. Dieser wird ausgegeben, wenn ein Virus gefunden wurde.

⇒ *Sicherungskopie erstellen:* Findet das Programm eine infizierte Datei, so wird erst eine Sicherungskopie erstellt. Danach wird die infizierte Datei gereinigt. Die Sicherungdatei hat die Erweiterung .VIR. Löschen Sie diese Datei umgehend.

⇒ *Virusfund melden:* Ist diese Option eingeschaltet, dann wird ein Virus sofort gemeldet. Ansonsten erhalten Sie die Meldung in einer Statistik nach Beendigung der Suche.

⇒ *Anti-Strealth*: Diese Option schützt den Rechner vor unbekannten Viren. Es werden die sogenannten Strealth-Viren gefunden.

⇒ *Alle Dateien überprüfen:* Ist diese Option ausgeschaltet, werden nur Systemdateien mit der Erweiterung COM, EXE und SYS überprüft, nicht aber TXT-, BAS-Dateien usw.

⇒ *Gelöschte Dateien überschreiben:* Ist diese Option eingeschaltet, wird automatisch eine infizierte Datei gelöscht. Ansonsten fordert das Programm Sie auf, die Datei zu löschen.

12.1.3 Informationen über Viren

Über DURCHSUCHEN • VIRUSLISTE erhalten Sie eine Liste der bekannten Viren. Geben Sie im Eingabefeld »Suchen nach« zum Beispiel

```
Mich ⏎
```

ein, dann springt das Programm automatisch zum Michelangelo-Virus. Über das Tastenfeld <Info> oder Doppelklick, erhalten Sie alle notwendigen Informationen über diese Virenart. Mit <Drucken> können Sie die Informationen zum Drucker schicken.

Über Alt+F4 oder über DURCHSUCHEN • ANTI-VIRUS BEENDEN wird das Programm beendet. Klicken Sie dagegen das obere rechte Tastenfeld an (Symbolfeld), wird das Icon im unteren Bildschirmbereich abgelegt. Durch Doppelklick wird das Programm aktiviert.

Sie können das Programm auch über die Task-Liste zurückholen: Klicken Sie ein freies Feld im unteren Bildschirmbereich an und die Task-Liste mit den aktiven Programmen erscheint. Klicken Sie dort »Microsoft Anti-Virus« an und bestätigen Sie durch Doppelklick oder mit dem Tastenfeld <Wechseln zu>.

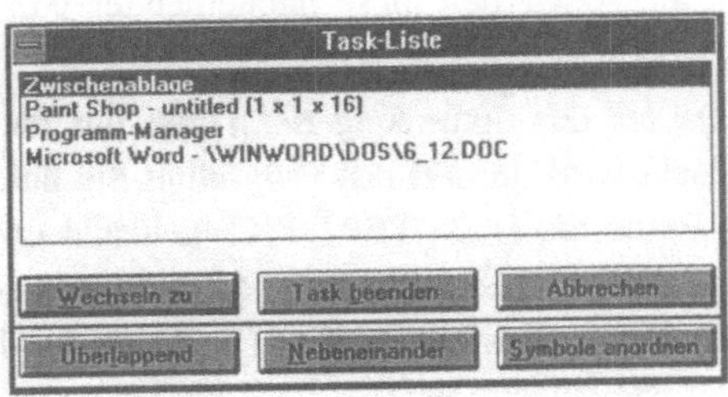

Abb. 12.3: Über den Task-Manager können Sie von einer zur anderen Anwendung wechseln.

12.2 UNDELETE

Mit dem Programm UNDELETE können Sie komfortabel und problemlos gelöschte Dateien wieder retten. Dies setzt jedoch voraus, daß zwischen dem Löschvorgang und der Bearbeitung mit UNDELETE keine Dateien gespeichert werden. Ansonsten werden die Dateien überschrieben und können nicht mehr oder nur teilweise zurückgeholt werden.

Undelete

Hinweis: Die Datei können wesentlich einfacher wieder hergestellt werden, als mit dem UNDELETE-Befehl der Version 5.0.

Retten Sie die Dateien nach folgendem Schema:

1. *Verzeichnis anwählen:* Über das Tastenfeld <Lauf/Verz> können Sie das gewünschte Laufwerk oder Verzeichnis ansteuern, z.B. [-b-] für Laufwerk B. Bestätigen Sie über das Tastenfeld <OK>. Das Laufwerk wird sofort nach gelöschten Dateien durchsucht. Werden keine gelöschten Dateien gefunden, wird der Hinweis: »Keine gelöschten Dateien gefunden« ausgegeben.

2. *Dateiattribut:* Werden Dateien gelöscht und diese nicht durch andere Dateien überschrieben, wird der Zustand mit dem Attribut »Ausgezchnt« gekennzeichnet. Damit wird festgestellt, ob die Datei problemlos gerettet werden kann.

3. *Datei wiederherstellen:* Klicken Sie die gewünschte Datei an und das Tastenfeld <Wiederherst> wird aktiv (rot). Klicken

Sie mehrere Dateien an, so werden diese nacheinander wiederhergestellt.

4. *Erster Buchstabe:* Da bei der Eintragung der Datei nur der erste Buchstabe gelöscht wird, fordert das Programm Sie auf, diesen zu ersetzen. Wurde die Datei TEST.TXT gelöscht erscheint dort »? EXT.TXT«. Drücken Sie jetzt ⊤ und bestätigen Sie mit ⏎ oder dem Tastenfeld <OK>. Die Datei wird als TEST.TXT in die Liste eingetragen.

5. *Gleichnamige Dateien:* Sind zum Beispiel die Dateien XTEST.TXT und YTEST.TXT vorhanden, wird ebenfalls ?TEST.TXT ausgegeben. Sie können nun für die erste Datei »X« eingeben. Für die zweite Datei ist dieses Zeichen gesperrt, da sonst gleichnamige Dateien vorhanden wären.

Es gibt die Attribute, »Perfekt«, »Ausgezchnt«, »Gut«, »Schlecht« und »Zerstört«. Dateien mit dem Attribut »Schlecht« oder »Zerstört« können evtl. mit der fortgeschritteneren Wiederherstellungsmethode »UNDELETE für DOS« gerettet werden.

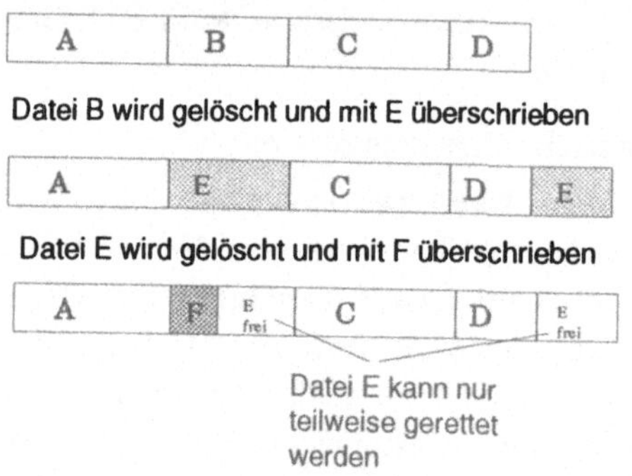

Abb. 12.4: Dateien wiederherstellen mit UNDELETE

12.2.1 Löschschutz konfigurieren

Sie haben dort drei Möglichkeiten:

1. *Löschüberwachung:* Diese Option legt fest, daß die gelöschten Dateien in einem versteckten Verzeichnis gespeichert werden. Sie haben optimalen Schutz. Der Nachteil ist, daß sehr viel Speicherplatz benötigt wird.

2. *Löschprotokoll:* Diese Option legt fest, daß Informationen über die gelöschten Dateien gespeichert werden. Sie haben nicht so einen optimalen Schutz wie bei »Löschüberwachung«, benötigen aber weniger Speicher.

3. *Standard:* Sie haben keinen Löschschutz. Die Dateien können nur wiederhergestellt werden, wenn sie nicht überschrieben werden.

12.2.2 Löschüberwachung aktivieren

Um die Löschüberwachung zu aktivieren, müssen Sie über OPTIONEN • LÖSCHSCHUTZ KONFIGURIEREN die entsprechende Option auswählen. Klicken Sie dort z.B. »Löschüberwachung« an und bestätigen Sie mit <OK>.

Sie können nun festlegen, welche Dateien gesichert werden sollen, z.B. *.TXT. Es ist möglich mehrere Erweiterungen anzugeben. Mit der Option »Alle Dateien« werden alle Dateien gesichert.

Mit »Archivierte Dateien nicht speichern« legen Sie fest, daß Dateien mit Archivbit nicht gespeichert werden. Damit wird verhindert, daß Dateien doppelt gesichert werden

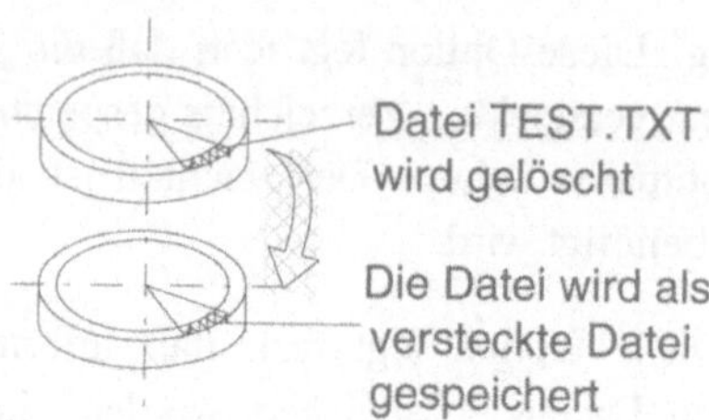

Abb. 12.5: UNDELETE mit dem Status »Löschüberwachung«

Mit »Dateien nach Tagen entfernen« wird festgelegt, wie lange gelöschte Dateien gespeichert werden. Voreingestellt sind 7 Tage.

Mit »Speicherbereich« wird prozentual festgelegt, wieviel Festplattenspeicher für diese Dateien maximal zur Verfügung stehen soll. Voreingestellt sind 20 Prozent (s. Abb. 12.5).

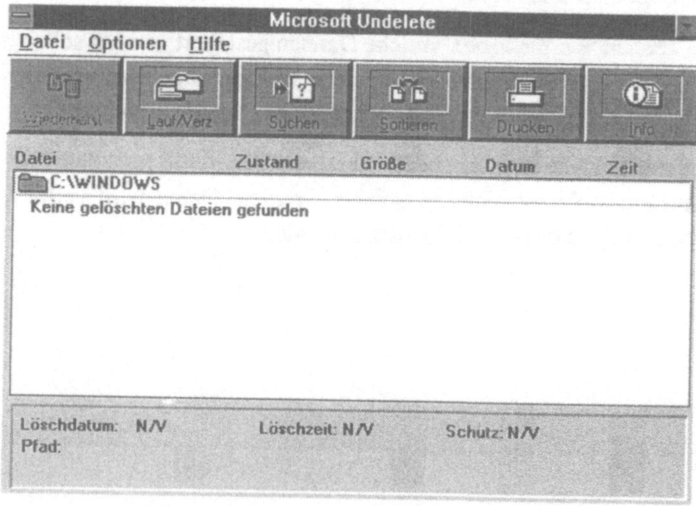

Abb. 12.6: Das Programm UNDELETE

Über das Tastenfeld <Laufwerke> bestimmen Sie nun, welches Laufwerk überwacht werden soll. Klicken Sie dort z.B. das Icon C für die Festplatte an und bestätigen Sie mit <OK>.

UNDELETE fügt den Befehl

```
UNDELETE /LOAD
```

in die AUTOEXEC.BAT ein. Starten Sie das System neu (booten). Dateien, die mit Löschüberwachung gesichert werden, erhalten das Attribut »Perfekt«.

12.3 BACKUP

Mit dem Programm BACKUP können Sie wesentlich einfacher eine Datensicherung ausführen, als mit dem BACKUP-Befehl der Version 5.0.

Da BACKUP zu Beginn nicht konfiguriert ist, wird dieser Vorgang nach dem ersten Start ausgeführt. BACKUP überprüft die Laufwerke und führt einen Test durch. Sie sollten unbedingt einen Backup-Test durchführen, um sicher zu gehen, daß Backup einwandfrei läuft. Wenn Sie zwei Laufwerke haben, so sollten Sie beide überprüfen!

Wofür benötigt man ein Backup-Programm?

Sie sollten regelmäßig Ihre Daten sichern, denn auch das beste Anti-Virus-Programm kann versagen und dann hilft meist nur noch der FORMAT-Befehl. Auch ist man nie vor einem Festplattendefekt (Head-Crash) sicher. Wertvolle Dateien, in denen viel Arbeit steckt, gehen verloren.

Ein Backup muß nicht unbedingt die ganze Festplatte sichern, da man die Originaldisketten ja ordentlich verwahrt hat. Die Daten, zum Beispiel Textdateien oder selbstgeschriebene Programme, sollten Sie jedoch regelmäßig sichern. Überlegen Sie selbst, wie wenig Zeit ein Backup kostet und wieviel Ärger man sich dadurch ersparen kann.

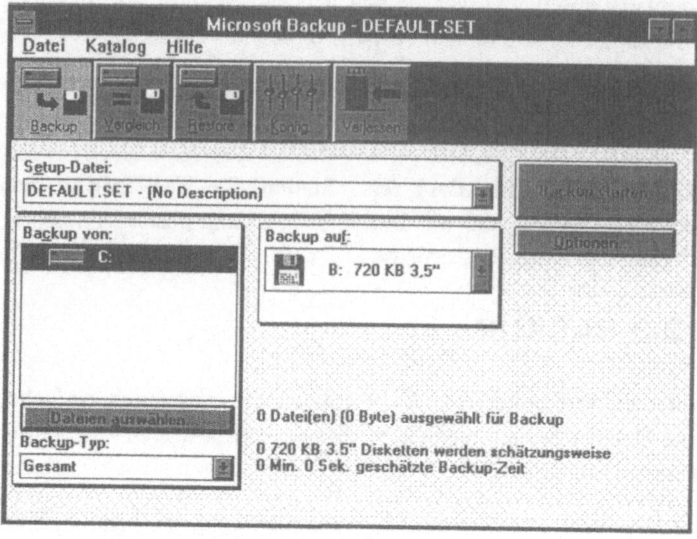

Abb. 12.7: Das Programm Backup

12.3.1 Daten sichern

Legen Sie zuerst das Laufwerk fest, auf welches Sie die Daten sichern wollen, z.B.:

```
BACKUP auf 1.44 MB Laufwerk B:
```

Klicken Sie nun die Option »Backup von« an und Backup durchsucht die Festplatte nach den vorhandenen Verzeichnissen und Dateien. Das Programm durchsucht zuerst das Verzeichnis \DOS und dann passiert einige Zeit gar nichts. Drücken Sie **nicht** das Tastenfeld <Abbrechen> da Backup ca. 30 Sekunden für die Analyse benötigt. Danach wird die Anzahl der Dateien, die notwendige Anzahl der Diskette und die geschätzte Zeit ausgegeben, z.B.:

```
2.172 Datei(en) (65.374.745 Byte ausgewählt)
36 1.44 MB 3,5'' Disketten
35 Min. 31 Sek. geschätzte Backup-Zeit
```

Sie können nun über das Tastenfeld <Dateien auswählen> eine Auswahl treffen oder mit <Backup starten> die Datensicherung beginnen.

12.3.2 Dateien auswählen

In der nächsten Übung wollen wir zwar ein komplettes Backup durchführen, jedoch die Verzeichnisse \Test und \Probe *nicht* sichern. Gehen Sie dabei wie folgt vor:

1. Tastenfeld <Dateien auswählen> drücken. Es wird das komplette Verzeichnis mit den Dateien im aktuellen Verzeichnis gelistet.

2. Wählen Sie nun das gewünschte Verzeichnis aus, welches *nicht* gesichert werden soll und drücken Sie das Tastenfeld <Exklusive>. Sie haben hier noch einmal die Möglichkeit zwischen »Exklusive« und »Inklusive« zu wählen. Bestätigen Sie mit <Hinzufügen> und der Pfad wird in die Inklusive/Exklusive-Liste aufgenommen. Verlassen Sie die Dialogbox über <OK>.

3. Einzelne Dateien werden angeklickt (Umschaltung auf rot) und mit <Exklusive> oder <Inklusive> gesichert oder von der Sicherung ausgenommen. So ist es z.B. möglich, ein komplettes Verzeichnis nicht zu sichern (Exklusive), mit Ausnahme der Dateien TEST1.TXT und TEXT2.TXT (Inklusive).

4. Mit <OK> verlassen Sie das Auswahlfenster und bestätigen mit <Backup starten> den Backup-Vorgang. Die Datensicherung beginnt.

5. Sind Daten auf der Sicherungsdiskette vorhanden, wird eine Warnung ausgegeben. Sie können dann mit <Abbrechen> den Backup-Vorgang unterbrechen oder mit <Überschreiben> die Daten sichern.

6. Der Datensicherungsvorgang geht im Vergleich zum dem »alten« BACKUP-Befehl sehr schnell. Sie erhalten eine Information wieviel Prozent bereits gesichert ist und wie viele Disketten benötigt werden.

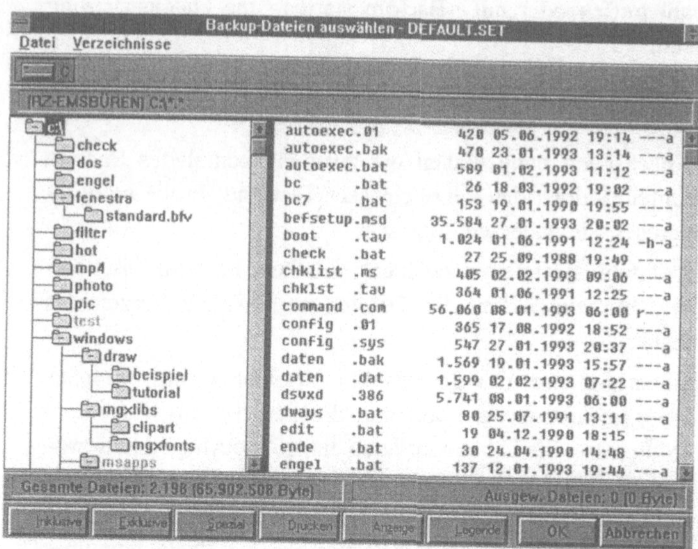

Abb. 12.8: Dateien Auswählen für den Sicherungsvorgang

12.3.3 Gesicherte Daten auf Festplatte kopieren

In diesem Abschnitt sollen die gesicherten Daten von der Diskette auf die Festplatte kopiert werden. Dazu gehen Sie wie folgt vor:

1. Wählen Sie den Backup-Satz aus, den Sie sichern wollen. Backup notiert alle durchgeführten Backups in einem Backup-Satz-Katalog. Diesen sollten Sie auf die Sicherungsdisketten notieren, um bei einem »Restore« die richtigen Disketten verwenden zu können.

2. Sie können nun über das Tastenfeld <Dateien auswählen> festlegen, welche Dateien von der Diskette auf die Festplatte überschrieben werden sollen.

3. Starten Sie den Restore-Vorgang mit dem Tastenfeld <Restore starten>. Legen Sie eine falsche Diskette in das Laufwerk ein, so gibt Backup eine entsprechende Meldung aus. Dennoch ist es sinnvoll die Disketten zu numerieren.

13 Die neuen MS-DOS-Befehle

In diesem Kapitel werden nur die Neuerungen der Version 6.0 beschrieben. Daher entfällt das MS-DOS 6.0-Icon.

Achtung: Die nachfolgenden Befehle laufen nur im Zusammenhang mit der Version 6.0. Sollten Sie noch die Version 5.0 oder eine frühere verwenden, kann es zu Problemen kommen!

13.1 DEFRAG

Nach häufigem Speichern und Löschen von Dateien ist es notwendig, die Festplatte mit dem Programm DEFRAG zu reorganisieren und damit den Zugriff auf die Daten zu beschleunigen. Das liegt daran, daß MS-DOS versucht, die Dateien hintereinander abzuspeichern. Wird eine Datei gelöscht und eine neue größere Datei abgespeichert, so wird zuerst das durch die gelöschte Datei entstandene Loch »geschlossen«. MS-DOS muß dann beim Laden einer großen Datei die einzelnen Segmente auf dem Datenträger suchen. Daher dauert das Laden eines großen Programms bedeutend länger.

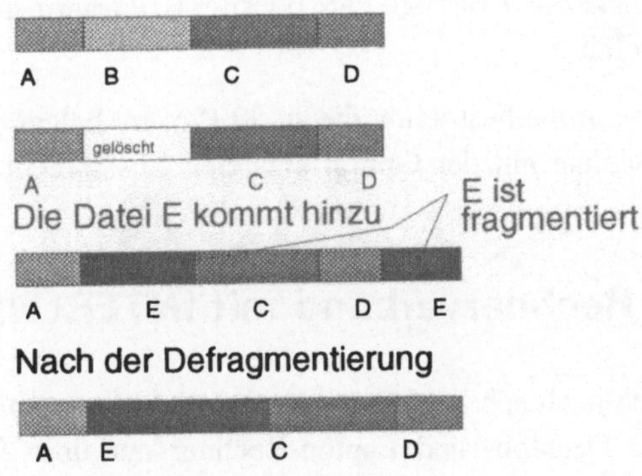

Abb. 13.1: Das Speicherungsprinzip von MS-DOS

Starten Sie DEFRAG aus der DOS-Shell oder aus der DOS-Ebene
mit

```
C>DEFRAG ⏎
```

Sie können nun das Laufwerk wählen. Klicken Sie z.B. C: für die
Festplatte an. DEFRAG gibt nach der Analyse bekannt, ob eine
Optimierung empfohlen wird, z.B.:

```
97% von Laufwerk C: sind unfragmentiert
   Empfohlene Optimierungmethode
    Dateien zusammenfassen
```

Über das Tastenfeld <Konfigurieren> oder über OPTIMIERUNG •
OPTIMIERUNGSMETHODEN können Sie festlegen, ob eine »Komplette Optimierung« oder »Dateien Zusammenfassung« durchgeführt wird. Mit »Komplette Optimierung« erhalten Sie den größten
Geschwindigkeitszuwachs.

Der Nachteil an der Option »Komplette Optimierung« ist, daß der
Vorgang recht lange dauert (z.B. 80 MByte in 30 Minuten). Die
Verzeichnisse werden an den Anfang des Datenträger gespeichert
und alle Dateien werden defragmentiert. Die Lücken werden an
das Ende des Datenträgers gelegt, so daß nun die neuen Dateien
an »einem Stück« gespeichert werden können.

Mit [F1] erhalten Sie zu jedem Problem eine Hilfe. Über OPTIMIE-
RUNG • DATENTRÄGER OPTIMIEREN oder [Alt]+[D] wird die Optimierung ausgeführt.

Eine 80 MByte große Festplatte, die zu 80 Prozent belegt ist wird,
in ca. einer Minute mit der Option »Dateien Zusammenfassung«
optimiert.

13.2 Ein Rechnerverbund mit INTERLNK

Haben Sie sich auch schon einmal geärgert, daß die Kommunikation zwischen Desktop- und Laptop-Rechner nur über Diskette
geht?

Mit dem Programm INTERLNK ist das vorbei. Die Rechner werden über die serielle oder parallele Schnittstelle (LPT1, COM1 usw.) verbunden und die Laufwerke der anderen Rechner können mitbenutzt werden.

Beispiel:

Der Desktop-Rechner ist mit den Laufwerken A, B und C der Laptop mit A und C ausgerüstet. Wollen Sie nun z.B. alle Textdateien aus dem aktuellen Verzeichnis vom Laptop auf die Festplatte des Desktop-Rechners kopieren, wird die Laufwerksnummer einfach fortgeschrieben.

Das Laufwerk A wird zu D, B zu E und C zu F. Der Befehl lautet daher:

```
C>COPY *.TXT F:
```

Ein Verzeichnis kann natürlich nachgestellt werden:

```
C>COPY *.TXT F:\WORD
```

Rechner vorbereiten

Zuerst wird der Server (Desktop-Rechner) konfiguriert, indem in der Datei CONFIG.SYS der folgende Eintrag vorgenommen wird:

```
DEVICE = C:\DOS\INTERLNK.EXE /DRIVES:5
```

Damit wird festgelegt, daß der Rechner mit drei Laufwerken ausgestattet ist und zwei weitere als Laptop-Laufwerk angesprochen werden können.

Sie müssen nun den Rechner mit `Alt`+`Strg`+`Entf` (Warmstart) neu starten. MS-DOS meldet dann:

```
Microsoft Interlnk Version 1.00

    Verbindung NICHT gesichert
    Laufwerkbezeichnung umgeleitet: 5 5(D: nach H:)
    Druckeranschlüsse umgeleitet: 2 (LPT2 nach LPT3)
```

Läuft der Server auf dem angeschlossenen Rechner, wird anstatt »Verbindung NICHT gesichert« zum Beispiel der Hinweis »Anschluß COM1« ausgegeben.

Sie können auch die parallele Schnittstelle verwenden, wenn Sie
der Parameter /com übergeben:

```
DEVICE = C:\DOS\INTERLNK.EXE /com
```

Ändern Sie nun die CONFIG.SYS des Laptop-Rechners analog.
Sie können nun den Server starten mit

```
C>INTERSVR ⏎
```

Der INTERLNK-Server gibt Ihnen nun die Konfiguration bekannt,
z.B.:

```
Server Computer      Anderer Computer
  (Server)             (Client)
   A:          gleich    E:
   B:          gleich    F:
   C:          gleich    G:
   LPT1:       gleich    LPT2:
```

Sie können nun bequem Daten vom Laptop zum Desktop kopieren
und umgekehrt.

```
C>COPY *.TXT G:
C>COPY G:\WORD *.* C:\WORD5
```

Eine Datenübertragung wird in der Statuszeile mit »Übertragung:
Lesen« gemeldet. Das Laufwerk, auf welches zugegriffen wird,
erhält ein Sternchen (*).

Eine ausführliche Hilfe erhalten Sie über

```
C>HELP INTERLNK
```

Natürlich können Sie auch den Laptop zum Server machen oder
zwei Desktop-Rechner miteinander verbinden. Sie können nun
z.B. EDIT vom Laptop aus starten obwohl das Programm nur auf
dem Desktop vorhanden ist. Der Ladevorgang dauert natürlich
lange, da die Übertragungsgeschwindigkeit etwa bei 116000 Baud
liegt. Mit Alt+F4 verlassen Sie das Server-Programm.

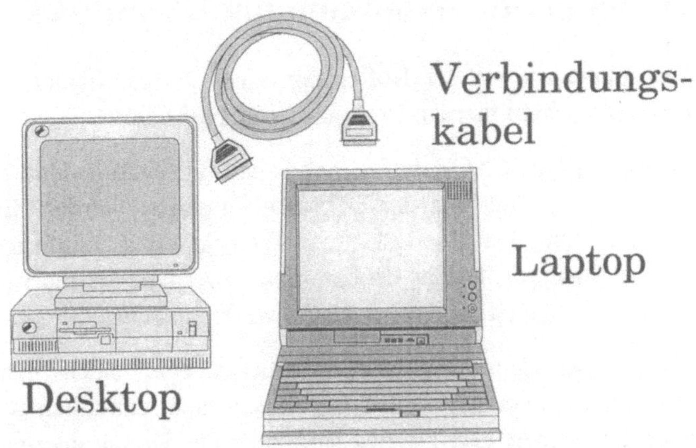

Abb. 13.2: Eine Verbindung herstellen mit INTERLNK

Achtung: Bei größeren Programme kann es passieren, daß der
Rechner dann abstürzt.

13.3 Stromsparen mit POWER

Das Programm POWER ist speziell für einen Laptop konzipiert
und verringert den Stromverbrauch für einen tragbaren Rechner.
POWER muß ebenfalls in die CONFIG.SYS eingebunden werden.

```
DEVICE=C:\DOS\POWER.EXE
```

Es können zahlreiche Parameter übergeben werden. Ein ausführliche Hilfe erhalten Sie über

```
C>HELP POWER
```

13.4 Festplatte vergrößern mit DBLSPACE

Eine Festplatte ist wie der Kofferraum eines Autos: Immer zu klein. Abhilfe schafft hier das Programm DBLSPACE.

Achtung: DBLSPCACE darf *nicht* aus der WINDOWS-Umgebung oder aus der DOS-Shell gestartet werden. Es droht Datenverlust. Ein komprimiertes Laufwerk kann nicht mehr dekomprimiert werden. Sie müssen dann die Festplatte mit FORMAT neu anlegen!

Ein Datenkomprimierungsprogramm arbeitet etwa nach dem Prinzip, alles was bereits bekannt ist, braucht nicht zusätzlich gespeichert zu werden. Die Dateien sind nach der Komprimierung wesentlich kleiner. Soll eine Datei geladen werden, muß diese vorher dekomprimiert werden. Dieser Komprimier- und Dekomprimiervorgang geht so schnell, daß der Benutzer dies nicht bemerkt.

DBLSPACE benötigt etwa 40 KByte RAM-Speicher. Das Programm ist Menü-geführt und fragt alle notwendigen Parameter ab. Mit [F1] erhalten Sie eine Information über DBLSPACE-Setup.

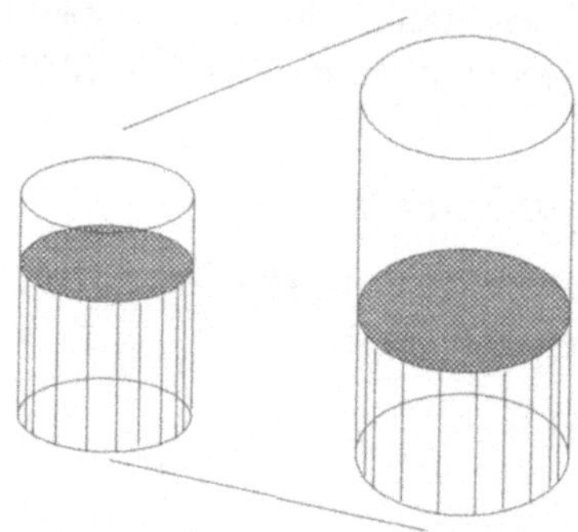

Abb. 13.3: Die Festplattenkapazität wird vergrößert

Nach der Bestätigung mit ⏎ können Sie zwischen »Express Setup« und »Benutzerdefiniertes Setup« wählen. Als Ein- und Umsteiger sollten Sie »Express Setup« verwenden. DBLSPACE benötigt ca. 45 Minuten, um eine 80 MByte große Festplatte zu reorganisieren. Danach wird automatisch die Datei DBLSPACE.BIN geladen, die das Komprimieren und Dekomprimieren übernimmt. Komprimierte Dateien werden automatisch dekomprimiert, wenn sie auf eine Diskette gespeichert werden.

Achtung: DBLSPACE führt ein CHKDSK aus, untersucht das System und führt automatisch einen Warmstart aus. Sie dürfen den Rechner bei diesen Arbeiten nicht unterbrechen oder ausschalten.

Während der Komprimierung wird die geschätzte Zeit automatisch neu berechnet. Die Angabe 45 Minuten kann z.B. auf ca. 2 oder 2,5 Stunden erhöht werden. DBLSPACE gibt an, wieviel Prozent der Komprimierung bereits durchgeführt wurde.

Am Ende werden die folgenden Daten ausgegeben:

⇒ Freier Speicher vor Komprimierung

⇒ Freier Speicher nach der Komprimierung

⇒ Verhältnis der komprimierten zu den nicht komprimierten Dateien

⇒ Benötigte Zeit

Auf meiner 80 MByte Festplatte waren vor dem Einsatz von DBLSPACE 12,1 MByte frei. Nach der Komprimierung standen nun 77,6 MByte zur Verfügung. Überprüfen Sie die Speicherkapazität mit CHKDSK.

Hinweis: Auch mit dem Programm DBLSPACE kann eine Festplatte defragmentiert werden. Im Zusammenhang mit WINDOWS muß freie Kapazität für das virtuelle Laufwerk geschaffen werden.

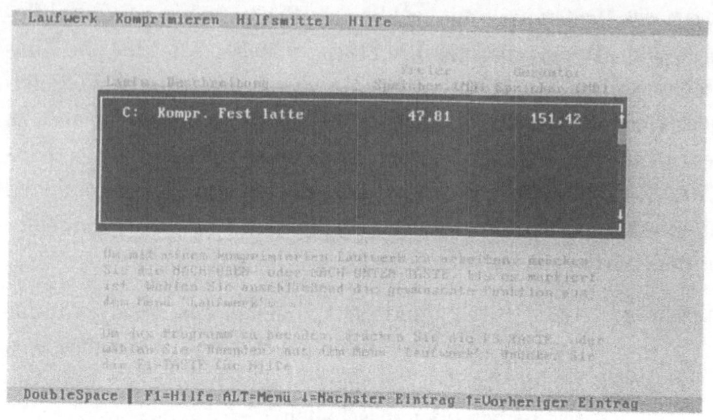

Abb. 13.4: Eine Festplatte vergrößern mit DBLSPACE

13.5 Hilfe mit HELP

Die alte Hilfefunktion von MS-DOS ist weiterhin gültig. Stellen Sie dem Befehl ein /? nach, werden alle Schalter mit einer Kurzinformation ausgegeben z.B.:

```
C>FASTOPEN /?
```

Die neue interaktive Hilfe HELP hat Mausunterstützung und wird über Pull-Down-Menüs und Querverweise bedient. Geben Sie den gewünschten Befehl wie folgt ein:

```
C>HELP FASTOPEN
```

Sie erhalten dann eine Kurzbeschreibung, eine Syntaxangabe, die Parameter und Optionen sowie zahlreiche Hinweise, Anmerkungen, Einschränkungen und ein Beispiel.

HELP wird mit der Maus über die Bildlaufleiste bedient oder mit den Cursorsteuertasten ⬇ ⬆ Bild↑ Bild↓. Ein Querverweis steht zwischen den Zeichen »<« und »>« und ist farbig hervorgehoben. Sie erreichen einen Querverweis mit ⇆. Bestätigen Sie mit ⏎ oder Mausklick. Mit Alt+I gelangen Sie zum Index. Geben Sie einen Buchstaben ein und Sie gelangen blitzschnell zum gewünschten Befehl, z.B. mit K zu KEYB.

Mit Alt+W kommen Sie zum nächsten Befehl (alphabetisch geordnet) also FC und mit Alt+Z schalten Sie einen Bildschirm zurück. Über das Pull-Down-Menü SUCHEN können Sie Schlüsselwörter suchen. Geben Sie dort z.B. HELP ein, so wird die Hilfe zum HELP-Befehl gegeben. Über das Pull-Down-Menü HILFE wird die Hilfe-Funktion erklärt. Über DATEI • DRUCKEN können Sie jedes Thema ausdrucken und über DATEI • BEENDEN verlassen Sie die Hilfe.

13.6 Speicher verwalten mit MEMMAKER

Haben Sie einen 80386-Rechner oder höher (486 usw.) können Sie mit dem Programm MEMMAKER Gerätetreiber in den hohen Speicher verschieben.

Syntax:

```
MEMMAKER [/BATCH] [/SWAP:Laufwerk] [/UNDO]
         [/W:Größe1, Größe2]
```

/BATCH	Mit dieser Option wird MEMMAKER in einer automatischen Verarbeitung ausgeführt. Sie brauchen daher keine weiteren Parameter einzugeben. Alle Informationen werden in der Datei MEMMAKER.STS abgespeichert. Diese können Sie mit TYPE listen oder mit EDIT bearbeiten.
/SWAP: Laufwerk	Definiert das Startlaufwerk. Diese Angabe ist wichtig, wenn Sie die Festplatte mit einem anderen Stacker (Datenkomprimierungs-Programm) als DBLSPACE optimiert haben.
/UNDO	setzt die mit MEMMAKER gemachten Änderungen zurück. Arbeitet der Rechner nicht mit der gewünschten Beschleunigung, wird das System in den »alten« Zustand zurückgesetzt.
/W:Größe1, Größe2	legt fest, wieviel Speicher für den WINDOWS-Puffer reserviert werden soll.

Rufen Sie MEMMAKER wie folgt auf:

`C>MEMMAKER` ⏎

Nach dem Eingangsmenü können Sie mit der Leertaste auf »Fortsetzen« oder »Beenden« umschalten. Mit `F1` erhalten Sie eine weitere Hilfe.

Sie können dann mit »Express« Ihr System automatisch optimieren oder mit »Benutzerdefiniert« die Eingaben spezifizieren. Wählen Sie »Express« und bestätigen Sie mit ⏎.

Der Rechner wird nach der Optimierung automatisch neu gestartet (booten). Nun muß der Rechner noch einmal gestartet werden. Werden keine Fehlermeldungen ausgegeben, können Sie davon ausgehen, daß der Rechner nun optimal läuft. MEMMAKER gibt nun die Speicherverteilung an, z.B.:

Speichertyp	Vor Mem-Maker	Nach Mem-Maker	Änderung
Freier Arbeitsspeicher	564.560	615.056	50.496
Hoher Speicherbereich			
Von Programmen verwendet	50.816	115.0840	65.024
Für WINDOWS reserviert	0	0	0
Für EMS reserviert	65.536	65.536	0
Frei	74.912	9.888	

13.7 MOVE

Mit dem Befehl MOVE ist es möglich, Dateien zu verschieben und Verzeichnisse umzubenennen.

Syntax:

```
MOVE [Laufw.:] [Pfad] Dateiname [Laufw.:]
     [Pfad] Dateiname
MOVE [Laufw.:] [Pfad] Verzeichnis1 Verzeichnis2
```

Beispiel: Es sollen alle Dateien mit der Erweiterung SCR aus dem aktuellen Verzeichnis nach A verschoben werden.

```
C>MOVE *.SCR A: [⏎]
C:\test\d09-2.scr => a:\d09-2.scr [ok]
C:\test\d09-1.scr => a:\d09-1.scr [ok]
```

Mit dem Hinweis [ok] wird bestätigt, daß die Verschiebung erfolgreich war. Die Dateien sind nicht mehr im aktuellen Verzeichnis TEST sondern auf der Diskette (A:) vorhanden.

Sie wollen z.B. das Verzeichnis TEST in der ersten Ebene in TEST2 umbenennen. Gehen Sie dabei wie folgt vor:

```
C>CD\
C>MOVE TEST TEST2
c:\test => c:\test2 [ok]
```

Mit dem Hinweis [ok] wird bestätigt, daß die Umbennung erfolgreich war.

Hinweis: Dateien verschieben und Verzeichnisse umbenennen kann man wesentlich bequemer aus der DOS-Shell oder mit dem Programm-Manager von Windows.

13.8 DELTREE

Mit DELTREE ist es möglich, ein Verzeichnis mit allen Unterverzeichnissen und Dateien zu löschen

Syntax:

```
DELTREE [/Y] [Laufw.:] Verz
```

/Y   legt fest, daß nicht abgefragt wird, ob das Ver-
                    zeichnis und die vorhandenen Dateien gelöscht
                    werden sollen.

Verz.   gibt das Verzeichnis an, daß gelöscht werden
                    soll.

Beispiel:

```
C>DELTREE /Y TEST3
Lösche test3...
```

Die Verzeichnis C:\TEST3 wird ohne Abfrage gelöschte. Alle Unterverzeichnisse werden ebenfalls gelöscht.

Beispiel:

```
C>DELTREE TEST1
Wollen Sie "test1" und alle Unterverzeichnisse lö-
schen? [jn]j
Lösche test1...
```

Hinweis: Verzeichnisse können auch mit dem Datei-Manager
               von WINDOWS 3.1 gelöscht werden.

13.9 MSD Diagnoseprogramm

Mit dem Programm MSD erhalten Sie eine Übersicht über die
Konfiguration Ihres Rechners: Informationen über Prozessor,
Speicher, Grafik-Karte, DOS-Version, Maus, Adapter, Festplatten, LPT- und COM-Anschlüsse sowie vorhandene Treiber und
speicherresidente Programme werden bereitgestellt.

Über das Pull-Down-Menü DATEI können Sie z.B. die AU-
TOEXEC.BAT, CONFIG.SYS usw. listen und über Werkzeuge
die Daten ändern.

13.10 Neues mit CONFIG.SYS

Vielleicht haben Sie sich auch schon einmal darüber geärgert, daß man für spezielle Aufgaben die CONFIG.SYS ändern mußte und danach das System durch »booten« in diese Konfiguration bringen mußte. Diesen umständlichen Weg müssen Sie nun nicht mehr gehen, da Sie mehrere Konfigurationen definieren können und über ein Menü in die eine oder andere beim Rechnerstart wechseln können.

13.10.1 Parameter einzeln abfragen

Wenn der Rechner »bootet« wird die Meldung »Starten von MS-DOS...« ausgegeben. Sie können nun mit F8 den Startvorgang unterbrechen und die einzelnen Parameter abfragen, z.B.:

```
DOS=UMB [J,N]
```

Geben Sie nun J ein und der nächste Parameter wird abgefragt, z.B.:

```
DOS=HIGH [J,N]
```

usw. Sie können damit z.B. verhindern, daß INTERLNK.EXE den Speicher »belastet«, wenn Sie keine Verbindung zwischen Laptop- und Desktop-Rechner herstellen wollen. Am Ende wird abgefragt, ob die AUTOEXEC.BAT gestartet werden soll.

13.10.2 Ein Menü in der CONFIG.SYS erzeugen

In diesem Abschnitt wollen wir ein Menü definieren, über das wir den Rechner konfigurieren wollen. Dafür sind zahlreiche Befehle wie MENU, MENUITEM usw. vorhanden.

Ein Menü wird mit dem Schlüsselwort MENU gekennzeichnet. Die Schlüsselworte stehen in eckigen Klammern. Mit dem Schlüsselwort MENUITEM wird ein Untermenü festgelegt. Über ein Label werden entweder spezielle Konfiguartionsdateien geladen oder Befehle ausgeführt.

Nach dem Start meldet sich MS-DOS wie folgt:

```
Startmenü für MS-DOS 6
======================

     1. Kurz
     2. Normal

Wählen Sie die gewünschte Option:
```

Geben Sie jetzt ① oder ② ein. Mit ⟦F5⟧ kann die Startdatei umgangen werden. Mit ⟦F8⟧ werden die einzelnen Parameter abgefragt.

Untermenüs definieren

Es ist möglich, vom Haupt-Menü mit dem Schlüsselwort SUBMENU weitere Untermenüs verzweigen zu lassen. Damit ist es möglich, den Rechner für ganz spezielle Arbeiten zu konfigurieren, ohne die Parameter einzeln mit ⟦F8⟧ abzufragen.

```
SUBMENU=Blockname [,Menüeintrag]
```

Blockname   gibt die Stelle an, zu dem der Rechner verzweigen soll. Ein Blockname kann bis zu 70 Zeichen lang sein. Die folgenden Zeichen dürfen nicht verwendet werden:

```
\ / ; = [ ] . ,
```

sowie das Leerzeichen.

Menüeintrag   gibt den Text an. Die Farben können mit MENUCOLOR festgelegt werden. Wird kein Menüeintrag eingegeben, wird der Blockname angezeigt. Ein Menüeintrag kann bis zu 70 Zeichen lang sein.

Hinweis: Mit dem Schlüsselwort MENUDEFAULT wird ein Standardmenüeintrag festgelegt. Sie können eine Wartezeit nachstellen. MS-DOS wartet dann n-Sekunden, bevor es mit der Standardkonfiguration startet. Wird keine Wartezeit festgelegt, müssen Sie ⟦↵⟧ drücken.

Beispiel:

```
MENUDEFAULT = ALLES, 15
```

Das MS-DOS wartet 15 Sekunden auf eine Konfiguration. Erfolgt keine Eingabe, werden die Befehle ausgeführt, die nach ALLES stehen.

13.10.3 Farben festlegen mit MENUCOLOR

Mit dem Schlüsselwort MENUCOLOR können Sie etwas »Farbe ins Spiel bringen«.

Syntax:

```
MENUCOLOR = x, [y]
```

x   dieser Parameter legt die Farben für den Menü-text fest. Gültige Werte liegen im Bereich von 0 bis 15.

y   ist optional (muß nicht unbedingt eingegeben werden) und gibt die Hintergrundfarbe an. Gültige Werte liegen zwischen 0 und 15.

Code	Farbe	Code	Farbe
0	Schwarz	8	Grau
1	Blau	9	Hellblau
2	Grün	10	Hellgrün
3	Cyanblau	11	Helles Cyanblau
4	Rot	12	Hellrot
5	Dunkelrot	13	Intensives Dunkelrot
6	Braun	14	Gelb
7	Weiß	15	Intensives Weiß

13.10.4 NUMLOCK einschalten

Mit dem Schlüsselwort NUMLOCK können Sie innerhalb der CONFIG.SYS festlegen, ob die ⌨-Taste ein- oder ausgeschaltet ist.

Syntax:

```
NUMLOCK = [ON | OFF]
```

13.10.5 Blöcke einbinden mit INCLUDE

Mit dem Schlüsselwort INCLUDE können Sie ganze Blöcke in ein Menü oder Untermenü übernehmen.

Syntax:

```
INCLUDE=Blockname
```

13.10.6 Beispiel für ein Konfiguration

```
[Menu]
MENUCOLOR = 15,3
menuitem=kurz, Laptop
MENUDEFAULT=Normal, 5

;Dies ist ein Hinweis
;Files werden auf 40 gesetzt
[Kurz]
FILES = 20
Buffers = 40
DEVICEHIGH /L:0;2,7824 /S =C:\DOS\INTERLNK.EXE /COM
rem device=C:\dos\power.exe


;Files werden auf 20 gesetzt
[Normal]
files = 40
buffers=40

;Beide Konfiguration laufen hier weiter
[COMMON]
MENUCOLOR = 1, 8
DEVICE=C:\DOS\HIMEM.SYS
DEVICE=C:\DOS\EMM386.EXE RAM HIGHSCAN
BUFFERS=30,0
FILES=40
DOS=UMB
LASTDRIVE=N
```

```
FCBS=4,0
DEVICEHIGH /L:2,12224 =C:\DOS\SETVER.EXE
REM DEVICE=C:\DOS\SETVER.EXE
COUNTRY = 049,,c:\dos\country.sys
DEVICE=C:\DOS\ANSI.SYS
SHELL=C:\DOS\COMMAND.COM C:\DOS\   /p
REM      -------------^/p
REM install=fastopen c:=100
DEVICEHIGH /L:2,31712 =C:\WINDOWS\MOUSE.SYS /Y

DEVICE=C:\DOS\SMARTDRV.EXE /DOUBLE_BUFFER
DOS=HIGH
DEVICEHIGH /L:1,44272 =C:\DOS\DBLSPACE.SYS /MOVE
```

Anhang A

Die Tastaturbelegung

.PC/XT/AT-Engl.	MF-Tastatur	PC/AT-dt
Ctrl	Einfg	PC/AT-dt
Alt	Alt Gr	Alt
Del	Entf	Lösch
Ins	Einfg	Einfg
Esc	Esc	EingLösch
Home	Pos1	Pos1
PgUp	Bild↑	Bild↑
PgDown	Bild↓	Bild↓
NumLock	Num ⇩	Num ⇩
PrtScr	Druck	Druck
ScrollLock	Rollen	Rollen
SysReg	-	-
CapsLock	-	-
Shift	-	⇧

Literaturverzeichnis

Biethan, Gunter
Systemprogrammierung unter MS-DOS/PC-DOS
Vogel-Verlag, Würzburg 1990

Burberg, Jürgen
Vieweg Software-Trainer Windows 3.1
Vieweg-Verlag, Wiesbaden 1992

Fahnenstich / Haselier
Windows 3.1
Addison-Wesley, Düsseldorf; ECON 1992

Hellermann / Lemme
Das DR DOS 5.0 Buch
Vogel-Verlag, 1992

Franken, Frater, Kebschull, Raymans
Professional Edition
MS-DOS 6.0
BHV Verlag, Korschenbroich 1993

Jannot / Zurawski
MS-Windows 3.1 kurz und bündig
Vogel-Verlag, Würzburg 1992

Kebschull, Gerd
Computer Knobeleien
Heise-Verlag, Hannover 1989

Kebschull, Gerd
MS-DOS 5.0
Vogel-Verlag, Würzburg 1992

Kebschull, Gerd
MS-DOS 5.0 kurz und bündig
Vogel-Verlag, Würzburg 1992

Kebschull, Gerd
WordPerfect für Windows 5.1 kurz und bündig
Vogel-Verlag, Würzburg 1992

Kebschull, Gerd
Richtig Einsteigen in QBASIC
Microsoft Press, München 1992

Kretschmer / Gerding
Schneller erfolgreich mit Windows 3.1
Vogel-Verlag, Würzburg 1992

Microsoft MS-DOS 5.0
Benutzerhandbuch
Referenzhandbuch
Microsoft GmbH 1991

Microsoft MS-DOS 6.0
Benutzerhandbuch
Referenzhandbuch
Microsoft GmbH 1993

Tiemeyer, Ernst
Windows 3.1 - Einsteigen leichtgemacht
Vieweg-Verlag, Wiesbaden 1992

Wolverton, Van
MS DOS Version 5
Vieweg-Verlag, Wiesbaden 1991

Stichwortverzeichnis

Präsentieren wie ein Profi mit Microsoft PowerPoint 3.0

von Hans Georg Oehring

1993. VIII, 368 Seiten mit Diskette. Gebunden.
ISBN 3-528-05313-5

Dieses Buch geht über die Darstellung des rein technischen Handlings von MS-PowerPoint 3.0 hinaus. Es ist eine solide und kompetent gemachte Einführung in die immer bedeutender werdende Welt der computergestützten Präsentation. Der Schwerpunkt des Buches liegt neben der Darstellung von Präsentationstechniken auf Voraussetzungen, Hintergründen und Gestaltungsregeln für überzeugende und professionell gemachte Präsentationen. Schritt für Schritt wird der Leser am Beispiel von MS-PowerPoint mit dem Aufbau einer Präsentation vertraut gemacht. Ein Regelwerk, Anregungen und viele Tips zu inhaltlichen und gestalterischen Fragen helfen dem „Nicht-Fachmann", seine Präsentationen sinnvoll und anspruchsvoll anzulegen. Orientiert an praktischen Anforderungen entwickelt das Buch eine schwarz-weiß Präsentation für den OHP. Schließlich wird die Erstellung von Farbdias für den Projektor, die auch über den Bildschirm ausgegeben werden können, veranschaulicht.

Der Autor Dipl.-Designer Hans Georg Oehring ist als freiberuflicher DV-Unternehmensberater tätig.

Neue Postleitzahlen ab 01.07.1993:
Postfach 58 29, D-65 048 Wiesbaden
Für Direktzustellung:
Faulbrunnenstr. 13, D-65 183 Wiesbaden

Verlag Vieweg · Postfach 58 29 · D-6200 Wiesbaden 1